如何成为幸福的有钱人

〔日〕和田裕美 著 ／

英尔岛 译

〔日〕上大冈留 插画

上海三联书店

序言

我为何会写关于金钱的题材

在冲绳北部的古宇利岛上流传着一个被称为"日版亚当与夏娃"的传说。

很久很久以前，神将一男一女从天降至岛上。岛上每天都会下年糕，两人每天吃着年糕，赤裸全身，无忧无虑地在此生活。然而两人有时会产生诸如"这些年糕会永无止境地下吗？""如果哪天不再下年糕了可怎么办呢？"这样的担忧，于是他们开始将每天吃剩的食物慢慢存储起来。突然，天不再降年糕，惊慌失措的两人开始向上天祈求。然而，自那以后天上再也没有下过年糕。两人开始去海边拾贝捕鱼，劳作为生。

几年前我去了这座岛，在看海的时候第一次听到了这个故事。

我记得当时我感到背上的汗水突然冷却，打了个寒颤。因为我意识到金钱"不就和这个传说一样吗"！

在还没有"金钱"这个概念的时候，我们的祖先一直秉持"保有信念就会变得富有，担忧不安就会变得贫穷"。这句大实话也包含在以上传说中。我不禁想到"答案不是都在这里吗"！

我从24岁开始就没怎么为钱困扰过，再加上最近我对"金钱原来就是这样的东西"有了更深刻的理解，从而对古宇利岛的传说深信不疑。

如果有人再提起这个传说，我一定会默默确信这应该是真的。

没有担忧钱就会积攒起来

这个传说包含两个重要信息。

其一是"没有担忧的时候财富便会不请自来"。

例如有钱人由于已经富裕了，便不会有"要是我变穷了会怎么样"的担忧，因此他们财源滚滚。相反，没钱的人日复一日担心着"我的钱可能会没了……""本月的月供怎么办"，钱便完全不会靠近他们。如此循环往复。

成为有钱人的要诀就是"不要担心"。

也许有人会说"诶，这也太难了吧。现在我手头正紧呢"，但这正是"金钱的真相"。如果真想有钱，只有将担忧抛诸脑后。

为什么人会想要工作赚钱

该传说以"两人开始去海边拾贝捕鱼，劳作为生"结尾。也就是说，人不可能毫无顾忌地永远吃着从天上掉下的年糕。由于不知所措而开始思考"怎么办呢"，从而开始行动起来（工作），最终变得富裕，还获取了知识，得到成长。也就是说担忧促使人们开始劳作，并得到成长，这是这个传说中第二个重要的信息。

一定有人会想"什么啊，原来人就是无法摆脱担忧，不得不工作啊"。但还烦请继续读下去吧。

传说至今已经久远，其中的真相也产生了变化。

如今，有钱人存在的原因其实是他们既对年糕会从天而降坚信不疑，又开辟出"捕鱼为生"这一新挑战。

虽然也常有人说"就算不工作只要有那么点钱就可以了"，但绝大多数有钱人并不会这样想。他们并不为钱操心，与此同时还享受着"捕鱼"的乐趣，顺便赚着钱。也就是说，有钱人爱财但并不被钱困扰，一边兴致勃勃地赚钱，一边变得更富有。

要如何才能成为有钱人呢？

我是在超现实的"商业"世界中赚到钱的人。

如今我能够拥有不为钱而发愁的人生，除了现实中一技傍身的销售能力，还有一个重要原因是知道了"金钱的真相"。

本书我唐突地以"天降年糕"开头，真是异想天开的开篇方式（笑）。不过为了告诉大家"金钱的真相"，以及"成为有钱人的方法"，这个故事极其关键。

金钱实际上是非常厉害的。如果你想让自己的人生中下着名为"金钱"的"年糕"，请务必读一下本书的内容，即使只有一次也请相信我，希望你会想要去实践一下。

和田裕美

2016年11月

如何成为幸福的有钱人

目录

序言 我为何会写关于金钱的题材

第1章 为何有人能成为有钱人而有人成不了呢？

1. 穷人为什么一直贫穷？　　　　　　　　2

2. 看书也变不成有钱人的原因　　　　　　5

3. 换位积极思考 (陽転思考) 对"没钱"不起效？！　8

4. 幸福但没钱，连面包都买不起！　　　　15

第2章 你成为不了有钱人的原因

1. 首次提问　　　　　　　　　　　　　　18

2. 第二次提问　　　　　　　　　　　　　20

3. 第三次提问　　　　　　　　　　　　　26

4. 你在逃避金钱！　　　　　　　　　　　29

⑤ 到死都不要说"这不是钱的问题"　　35

⑥ 好好地变得喜欢钱　　39

⑦ 给下属的信　　44

第3章　消除对金钱的担忧

① 消除对金钱的担忧是什么意思?　　50

② 给幸福标价（作业①）　　53

③ 无法消除担忧的人群的共同点　　62

④ 停止贫穷行为（作业②）　　65

⑤ 一旦花钱便要给予肯定　　74

⑥ 没钱的人没有自我　　76

⑦ 培养天堂存款的习惯　　78

⑧ 积攒天堂存款人群的共同点　　82

⑨ 化悲伤为天堂存款　　85

⑩ 天堂存款的去向呢?　　88

第 4 章 练习花钱

1 花钱自然能懂钱　94

2 尝试一下捐款　98

3 试想"一定会有办法"的感觉来花钱　102

4 边说口头禅边花钱　107

第 5 章 给自己增添附加价值

1 你的年收入合理吗？　112

2 相信自己的价值　116

3 如果觉得自己没有价值的话　120

4 你的附加价值是什么？　122

5 寻找附加价值的胚胎　126

6 发现只属于自己的附加价值（作业③）　131

7 如果附加价值变为临时收入　135

⑧ 金钱流不畅的人的共同点　　　　　　139

⑨ 有钱人全都有附加价值　　　　　　　141

⑩ "支付工资的人"和"拿工资的人"的区别　144

⑪ 体验一下"支付工资的一方"　　　　147

⑫ 再提高一下自尊心是指？　　　　　　150

⑬ 成为创造钱的人　　　　　　　　　　152

第 1 章

为何有人能成为有钱人 而有人成不了呢

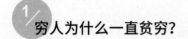

1 穷人为什么一直贫穷？

　　这个世界上有一条金钱之河。比方说"300年前开始就很有钱"的人家，如今应该仍旧很有钱吧？就是这个意思。

　　当然也会有某一代继承人不靠谱，致使公司破产、被诓骗后，再反之由某一代英才来积累财富的事例。虽然会有一些例外，不过这些人追根溯源几百年前便是历代富豪，他们就是所谓的**"住在金钱之河沿岸的人"**吧。

　　这些人原本就对金钱持有积极的态度，毫无负面偏见，对于"有"钱这件事深信不疑，是一群抱有"我这一生都不会为金钱所困扰"态度的人。因此他们**对于钱的担忧为零！**

　　钱确实会朝着这些人汇聚。**因为金钱是乐观愉悦的场所，会向着毫无担忧的人（对金钱持积极态度的人）汇聚起来。**

　　多数情况下，有钱人家的孩子也会成为有

钱人，穷人家的孩子容易成为穷人（当然也有例外）。这其中的理由可能就蕴含在这里。

有的人会想"为什么那个人有钱入账，而我却没有呢？"这恰恰就是"金钱的真相"。换言之，人和人本来就不一样。

没钱入账的人祖祖辈辈都住在金钱之河从未流经的地方，这是令人悲伤但却不得不面对的事实。

——不过。

你会立刻变成"既然如此那我也没辙了"这样的人吗？

你应该会想"不行，我要改变流向"吧？

本书的目标就是"让人成为被钱喜欢的有钱人"。为了达成这个目标，首先要接受这个事实。那么就不得不考虑如何才能靠近金钱之河这件事了。

我在年轻的时候，并未住在金钱之河边。因此一直想着"我很想要钱啊"。

当然，我看了很多书。

无论是比较现实的投资类书籍，还是心灵成长类书籍我都会读。尤其是心灵成长类的图书令我大开眼界，在意识到自己错误的同时，还会有一种"按照这个做肯定能变成有钱人"的兴奋感！

然而，问题在于虽然世界上有这么多类似的书，但并不是所有的读者都能实现成为有钱人的梦想。但如果一上来就打击推出这些书的出版社也不太好吧。

其实以上问题的存在原因一定是因为虽然大家知道赚钱的方法，但很多人都不知道该如何去实践，对吧？！

2/ 看书也变不成有钱人的原因

　　在现实中的投资可能会遇到诸如没有勇气、没有本金、不感兴趣、觉得太麻烦等各种很直白的问题，我想请你们在这里思考一下在心灵成长类书籍中经常提到的话。

　　这类书籍中经常会写"幸福早已在你的未来就绪！因此要想着未来才是100%的人生，在当下放下'没有这个就不行'的执念吧，这样一来你的期望一定会实现"。

　　已经有人遵照这个想法过得很幸福，而我也觉得这是100%正确的想法。但即使我们已有了前述的思考方式，为什么还是有很多人无法成为有钱人呢？

　　答案非常简单。

　　因为"金钱"是**超现实**的东西。

唯一与"金钱"有关的东西能就这样轻易放手吗？

比方说你想要创业，对闪耀的未来充满100%的信心，你会立即辞职吗？不但拥有家庭，还必须支付生活费的时候，突然切断收入来源会让你感到害怕而无法扔下工作……你的心中是否涌现出了这种感觉呢？

又比方说你有两个孩子，丈夫出轨，你想着"我要离婚"，你是否会对闪耀的未来充满100%的信心，离婚后抱着两个孩子从零开始？即使被提醒"抛弃执念，放手现在的一切（包括钱在内），你想要的一切都会来"，但普通人应该也会**由于胆怯而没法做到**吧。

也就是说，一旦涉及金钱的问题，在无法拥有相继而来的保障时，可以一边说**"没事的，肯定会有办法"**，一边100%相信未来而将当下之事完全放手的人应该寥寥无几。

在这种时候有些人可能会遵从自己的愿望而不顾金钱的困扰行动起来，但这样的人不到百分之一。

关键在于**关乎"金钱"的事会特别容易令人产生担忧。**因此无论用多么灵性的思考方式，没钱的人还是占据多数。

3／换位积极思考（陽転思考）对"没钱"不起效？！

其实我在很小的时候就想要成为"有钱人"。

年轻女孩被问及未来的梦想时若回答"我想成为有钱人"，就显得一点都不可爱。但我又无论如何也说不出"我想成为可爱的新娘"这种话。最终就成了现在这样（苦笑）。

不过我几经波折才成为了不为钱所困扰的人。

前面我也提到了这个世界上存在着各种差异，有些人一开始就出生在富裕家庭，而有些人则不是，对吧？任何人都无法选择自己的父母。

我出生在一个极其普通的家庭，由于父亲自己创业开了一家服装店，因此我们挺拮据的，我家的经济状况也不是很好。我的母亲也在工作，她经常会说"没钱就有很多做不成的事，吵架也很容易变多。绝对是有钱会比较好"。这不是漂亮话，没钱的话心也会变得贫穷。

因此我"想摆脱金钱的束缚得到自由"。

虽然我的起点要比富贵人家的孩子低，但要是换个角度来思考，由于我出生在需要考虑"如何才能成为有钱人"的环境中，那么这个条件就成了我的优势。

这样的我能在销售界成功而不断挣到钱的关键因素之一，便是有了"想摆脱金钱的束缚得到自由"这个目标。

我希望在人生中消除"因为没钱所以做不成"的这个想法，自己对于能够多大限度实现自由充满了期待。这种想法给我带来了能够铿锵说出"我想要钱"的能量。

然而，不赚钱的话，钱就不会入账对吧？

其实每个行业都是这样。

在销售界，完全做不出成绩的人多数都无

法大声喊出"我想要钱"这句话。这类人通常会说**"我不是为了钱而工作，我只想为顾客提供好的东西"**。这话听起来很美好吧？那既然如此，他们"怎么不去做志愿者呢"？

即使工资很少，但也必须要搞清楚它的来源。因此我常常会对下属说"想要赚钱而工作是很正当的理由，拿了这些工资可不能就不想赚钱了。想要钱并不丢人"。

但我曾经也是相当保守退缩且自尊心很低的人，本性十分消极。怀揣着诸多不安和担忧，对金钱毫无积极的兴趣。

你看这样的人没法百分之百地赚钱吧（笑）。那我是如何从这样的人变为完全不为钱发愁，在销售界成为世界第二的呢？就像我前面所说的**"想摆脱金钱的束缚得到自由"**，努力将消极的担忧减轻并转化成积极的想法，增加兴奋感。这就是**换位积极思考（陽転思考）**。

人在阴郁的时候总会往坏处想，诸事都不

会好转。不过大抵上人们都会把工作的失败归咎于**"自己怎么这么没用"**或是**"如果没有这个上司就好了"**对吧？然而，这样的话不幸便会接踵而来。

不过我并不想陷入这种不幸的漩涡中。我总想着能够将劣势转为优势！这就是换位积极思考的开始。

"换位积极思考"是在当下之事中发掘其"很棒"的一面，将思考有意识地朝着明朗的方向转换。

不过嘛，我说的这点挺难做到。我的方法是在说出"很棒"的同时要找到它是"为什么"而棒，这点应该连小学生都可以做到。

比方说在营销时一直遇到瓶颈的时候可以这样想："不顺利也很棒！这样的话（正因为不顺利）我就能锻炼自己的会话技能了。"这样一来，在寻找"很棒"的同时就能**像翻转硬币一样将"劣势"转为"优势"**。

虽然像这样"寻找很棒"可能无法改变现

实，但却能够改变接受现实的方式。既能使自己挣脱劣势，还能积极地思考。

如此一来我的思考习惯便完全地转变了，将不喜欢的事换位思考成"可以让人学以致用"之事。随之用来考虑坏事的时间就会越来越少，销售成绩也逐渐上升，收入也倍增（人生也随之转运了）！

不过有时候我在演讲后会听到有人这样提问：

"请问……，我知道要去'寻找很棒'，但如果碰到'没钱'的情况，我应该怎么做呢？"

当时我本来想立即回答"啊，如果是这种情况的话"，但话到嘴边却成了"哦"。

其实我当时想回答的"很棒"是例如"即使没钱也很棒！这样就不会有遗产纷争了"，或是"即使没钱你还有天生的进取精神"，又或是"即使没钱你还有健康的身体"之类的话。

然而我的内心某处却在抗拒说出"没钱

也很棒"这样的话。即便说出"没有遗产纷争那就很棒啊"这样的话，但如果不存在瓜分遗产的问题，还可能会产生比遗产纷争更严重的问题不是吗？即使有进取精神，但没钱的话就无法裹腹而没法行动不是吗？即使身体健康，但没钱也无法去上学不是吗？诸如此类的问题让我突然激灵"啊，好像不太对劲，这种'很棒'只是假象"。综上所述，我了解到唯有"没钱"这种状态是无法用换位积极思考来解决的。

4／幸福但没钱，连面包都买不起

也就是说金钱是能用眼睛实实在在看到的"东西"，因此，"没有"就是"没有"，不会变成"有"。

即使用换位积极思考发现事物好的一面，让自己精神上富足，但如果"当下在现实中没钱"的话，还是会变得非常沮丧。催缴电话持续不断，人无法变得积极向上。

换位积极思考可以让你这样想："虽然没钱，但我有家人很棒啊""还活着就很棒啦"，但其实在现实中，没钱的话在便利店连个面包都买不起。

"没"钱是不争的事实。

这种理所当然的现实会让我们感到焦虑不安，（即使拥有爱、健康、房子和家庭等，）仍旧很容易变得不幸。

不过虽然对于没有住在金钱之河附近的人

而言，成为有钱人是天方夜谭，但最重要的是要消除自己对金钱的担忧，并积极面对金钱这个东西。

　　你可能会说这真是一件将不可能变为可能的难事！

　　那么，要怎么实行呢？！

———

第 2 章

你成为不了有钱人的原因

1／首次提问

这里我来提个问题：

"你为什么要赚钱呢？（为什么想要钱呢？）"

——嗯，这么一说，我觉得应该还是因为对老年生活的担忧吧？生病也很花钱呢。

好的。那么这是理由吗？
这样想的人绝对是成不了有钱人的（笑）。
正如我前面所述，金钱是不喜欢担忧的。

你在需要赚钱的时候哪怕有那么一点是由于"担忧"而赚，那么这就是一种**"贫穷能量"**。
我说过"钱是不会流向有担忧的地方的"，但"贫穷能量"却恰恰会朝着"有担忧的地方"**源源不断地**流去。如果不改变这种想法，当然不可能让钱流向你。也就是说有这种担忧的人今后也成不了有钱人。

在这里深挖一下，还能看到不一样的东西，我还会再问一遍同样的问题哦。

2／第二次提问

"你为什么要赚钱呢？（为什么想要钱呢？）"

请将对养老的担忧或是想要为生病做万全准备这种事先放一放，把这种"不安"或是"担心"除去后再考虑一下。

如果你回答"嗯"的话，你得思考一下你是不是"想要某某东西呢"？是要用钱来买你想要的或是想买的东西吗？什么都可以。兴致勃勃地来想象一下。

完全不需要有什么顾虑，想到什么就是什么：

我想要房子。

我想要车。

我想要买与兴趣爱好相关的物品（高尔夫球套装、画作、相机等等）。

我想要高级的东西（奢侈品）。

（等等）

想要钱的话必定会存在物质需求这个因素。

许多有钱人（不是所有有钱人）都乘着舒适的豪车、住着宽敞的豪宅、穿着昂贵的衣服。

因此你可以毫无顾忌地深究一下自己"想要的东西"。

说点其他的东西也可以，比如：

想要买一幢看得到大海的别墅，悠闲地生活。

想要在百货商场里不看价格血拼自己喜欢的东西。

（等等）

只是这样想想就已经很兴奋了吧？

不过，也有人没法说出这些话。

他们会觉得"**想要买这些东西会让自己看起来贪得无厌**"或是"**想要的太多是很粗俗很**

可耻的"。这类人乍看好像给人谦虚谨慎的感觉，但并非如此。

这类人看着别人在拼命花钱的时候，内心深处会产生**"好肤浅""好低级"**之类的声音来**予以否定**。换言之，他们打从心底对有钱人有抵触情绪。

所以说他们虽然非常想要钱，但却装作"我并没有那么想要……（我并不想要钱）"，最后导致其金钱流就这样停止了。实际上这也是一种对待金钱的**"贫穷能量"**。

兴致勃勃地怀揣"我想要这个"的想法并不是"贪婪"的表现。

试问纯粹地追逐梦想的人"贪婪"吗?

他们只不过是为了想要登上那座山而跃跃欲试!

他们只不过是为了想要乘上那辆车而雀跃不已!

这些情感便催生出了能量，将人生不断地推向前进。虽然登山可能要花1000万日元，买车要1亿日元，但这一点都没有给人贪婪的感觉吧？那是因为这种兴奋感对于想要做这件事的人而言是最强的"生存动力"。如果有人认为"登个山要那么多钱好奢侈啊"或是"不用坐那种豪车，只要车子能开就好了"，这是一种贫穷式思维。我反而觉得这样更"肤浅"。

企业老板级别的有钱人经常会光顾银座的俱乐部。

当然，并非所有人都会这样做。坐下来就得花差不多5万日元的银座高级俱乐部，没钱的人是无论如何也去不了吧。因此有钱人兴致勃勃地在那儿享受非但一点错都没有，而且因为有钱才能够自由地享乐不是挺好的吗？

不要否定他人的奢侈。
不要否定有钱人。

不要否定生活奢华的人。

我们看到出现在**巴拿马文件**[1]上的那些人名时都会不爽道："这些人怎么这样啊，居然隐瞒自己的财富，"或是愤愤不平"他们为什么不把钱捐给穷人呢"。

我不是不能理解这种愤怒。但是不要以偏概全，可能被列入巴拿马文件的人中有很多人都把赚来的很多钱捐了出去，并已缴纳了很多税。

因此我们并不需要仇富，而是要善于发现有钱人的另一面。

如果你既**"想要钱"但又对有钱人产生否定情绪**的话，那你首先必须意识到这一点。

即**"啊，我否定了有钱人！这就是否定金钱"**。

---

1 巴拿马文件：2016年的"巴拿马文件"揭发了全球权贵、政要、名人利用离岸公司隐藏资产，曾一度震惊全球。——译注

当然，有钱人里也存在行为狡诈、肮脏龌龊之人，但倘若换作你是那个需要缴纳几百亿日元税金的人，你是否也想合法地少缴一点吧？

有钱人的心情只有成为他们才能体会。正因如此才更不能妄自对他们予以否定。

此外，有钱人是可以自行选择"去"或"不去"银座俱乐部的。**也就是说，有钱人"两者皆能选择"**，他们拥有着穷人所没有的"自由选择权"。

试着发挥想象力，站在有钱人的立场来设想一下。在你有钱并得到了"自由选择"的权利时，花钱买自己喜欢的东西就变得不那么罪过了吧？

3 / 第三次提问

虽然有点啰嗦，但还是想再问你一遍：

"你为什么要赚钱呢？（为什么想要钱呢？）"

——因为有钱才会幸福。

原来如此。应该会有人这样回答吧？

那么我再接着问你：

现在你的账户里有1亿日元的话你幸福吗？

如果是**10亿日元**呢？

咦，还不够吗？

那20亿？30亿？

有这些钱你就会变得100%幸福了吗？

还要更多？

那账户里究竟有多少钱你才会幸福呢？

对于大家而言什么才是幸福呢？

有钱就好了吗？

只要有钱就……只要有钱……

……不好意思（笑）。

如果再这样追问下去的话，大家到这里就只会回答"嗯"了吧。然后可能在某个阶段你们会产生**"并不是只要钱就可以了"**的这种想法，有一种虽然我想要钱，但并不知道要多少钱才会幸福的感觉。这种想法我也会有的（笑）。

不过为了了解自己的潜意识，我们先把对错放一边，边说"我想要很多钱，非常想"，边确认一下"但是有钱的话能说这就是幸福吗……"

如果你是这样想的话，那就说明你觉得有没有钱"都一样"。**如果神明盯着你的眼睛问你一遍"你真的想要钱吗"？** 你可能会忐忑地回答"啊……这个……"（支支吾吾……）。

因为你在潜意识里认为你的金钱流"只要这么点就可以了"。这样一来你即便苦思冥想，还是会无意识地想着"我并不是那么想要钱"。

而有钱人完全不这么想。他们会直截了当地表示"人生虽然不只有钱，但我绝对想要钱，并且有了钱能100%幸福"。

我赘述了这么多，主要想表达的是**无法成为富人的人虽然边说"我很想要钱"但又会陷入"其实我并没那么想要钱"这样的悖论中。**如果不把这一悖论解决的话，那他们永远也成不了有钱人。

4 / 你在逃避金钱！

前文提到如果能做到"寻找很棒"（换位积极思考），你的精神层面会变得幸福，但如果像金钱这样的有形之物"没了"的时候，你会特别担忧，物质生活也不会富足。

没有的东西就是没有。

那么最后钱只会流向"历代就有钱的富人"和"住在金钱之河沿岸的人"。也就是说：

"没钱→钱不会来"。

"有钱→钱会来"。

这样的话事态可能会变得无药可救。

我又要重申一下，金钱会流向"对金钱持积极态度的人""对金钱不抱有担忧的人"。它是绝对不会流向对金钱怀揣不安的人。

因此，没有住在金钱之河沿岸的人若想成为有钱人，只有**将前面三次提问中出现的潜**

在的对于"金钱"的消极印象从根本上扭转过来，从而消除担忧。

　　我开始以这种方式来思考"金钱"是在从事销售工作并有了下属之后。

　　我所供职的公司是一个超级注重贤能主义的外企，不会付给无法胜任工作的人一分钱，而对能做出业绩的人公司会无上限地支付工资。

　　工薪阶层每月都会有工资入账，对吧？

　　有带薪休假，还有暑假和新年假期。

　　做销售在最极端的情况下，即使每个月的销售业绩没有提高，但最低限度的工资还是有保障的。公司也会报销如圆珠笔、厕纸等办公用品，以及宣传册、交通费等。我想一般的公司通常是这样的情况，是有保障且稳定的世界。

　　但我当时所在公司的一切费用都要由我们自己负担。

办公用品大家平摊购买，宣传册也必须用佣金（奖金制）[1]制作。此外，每月还要征收7000日元的电话费！

说到"连电话费都要自己付"这件事的原由，是在我刚入职有些退缩时老板告诉我的："一个月打1000通电话也是7000日元，打10通电话也是7000日元。越勤快的人肯定收益越多。这样的人才能赚钱。因此想要收益就得行动起来。"回想起来，我年轻的时候就想方设法练就了能够产生高"性价比"的工作方式。

总之，那是个毫无保障且极不稳定的世界。

但是只要出成果就能赚得盆满钵满（因此**我在20—30岁之间赚了几千万日元**）。

在这样的环境中，我很希望有缘成为我下属的人尽可能多地挣到他们应得的酬劳。

否则，这些员工连通勤的交通费都支付不起，缺乏自信，会变成真正意义上的连内心都

---

1 奖金制：指没有底薪，只有奖金的奖金制佣金支付方式。——译注

变得贫穷的穷人，最终只能辞职。

我在26岁的时候已经有了大约30名下属。

当时由于缺乏经验，在起初给下属培训的时候，我拼命给他们讲"怎么才能卖出东西"的营销专业技能，但到头来并不是所有人都赚得到钱。结果有一部分人不但钱没了，经济上还比入职的时候更为窘迫，最后辞职了。在送别这些下属的时候，我感到苦闷不堪。

没有干劲的人和不努力的人做不出成果理应辞职，但我很好奇在同等环境和同等条件下，素质（知识储备、行动力、努力程度、沟通能力等）都在同一水平的人，为什么会有"能赚到钱"和"赚不到钱"的差别呢？

为什么？
这其中的差距是什么？

之后，通过和不同的下属聊天、彼此了解后，我终于明白了，那便是他们"**对待金钱的**

意识（mind）"存在差异。

　　由于进入了崇尚贤能主义的公司，所有人表面都是一副"我想要赚钱""我特别想要钱"的样子。不过我发现从根源上（潜意识中）想着"只要有这点钱就可以了"的人其实"工作成果也就平平"。

　　刚才我问过"有1亿日元的话你会幸福吗"对吧？

　　当时一时兴起想着"只有钱是不会幸福的""没有那么多钱也无所谓"，犹豫是否要直截了当地回答"会"的人，他们应该就是想着"只要有这点钱就可以了"，还没赚到钱便辞去了工作。

　　我在这里要对这些人再次提出下面这个问题：

"是否有了钱会更好呢？"
"钱太多会产生困扰吗？"

这个问题是在我想到下属对于钱的意识是"只有钱是不会幸福的""只要有这点钱就可以了"后，想要摆正这种意识而提出的。

这样一问，之前回答不出问题的人也能脱口而出"不会产生困扰"。"没有那么多钱也无所谓"的这种意识应该也会随即消失吧。

先前你可能会想"我也许不太需要那么多钱"，但我希望以上问题能让你产生"有了钱确实不会令人困扰，有了钱会更好"的想法，从而变得想要赚钱。

也就是说，这个问题能够帮你克服看待金钱的负面情感，从心底完全接受金钱，并抱有"有钱比没钱好"的想法。毕竟事实并不是说你要不要很多钱，而是有很多钱的话是完全不会令人困扰的。

我就是这样让每一位下属（当时他们都是与我年龄相仿、二十几岁的人）在崇尚贤能主义的公司里能够赚到1000万、2000万日元，甚至更多，使他们潜意识中对待金钱的意识产生了变化。

5／到死都不要说"这不是钱的问题"

一直把**"我并不只是为了钱""就算有钱也不会幸福的"**这样的话当口头禅的人，是"对金钱持否定情感"的，他们永远都成为不了有钱人。

我并不是要否定那些说出**"这不是钱的问题"**的人。

每个人的想法都是正解，都是正确的言论。符合本人价值观的一切皆可。

然而如果你"想要更多的钱""想成为有钱人"的话，我建议你得找到将堵塞你金钱流的那种对金钱的**"厌恶感"**的消除方法。总之，无法调动自己对待金钱的"兴奋感"会阻碍你成为有钱人。

因此我们要在本章将这种"厌恶感"给去除掉。

这本书写到这里想要传达的是钱要"为自己而花"。

既然钱是自己赚的，那么就要多多地为自己而花。

奢侈一下、挥霍一番都无所谓。

不过钱还有另一个用途。

那就是**"为了帮助别人而花"**。

比如我对自己的下属说过这样的话：

"你要怎么支配钱都可以。

可以投资给疑难杂症治疗研究的开发，也可以是在重要的人需要巨额手术费救命时资助他们。

可以投资给为了给人类找到可以移居的新星球的宇宙开发项目，也可以为贫困潦倒的人群提供住房和食物。

可以将自己的积蓄都捐掉，只要有钱的话就能尽可能地帮助更多人。

要将'没有钱的话就无法办到这些事'的想法转变为'有钱的话就能办到这些事'。

没钱的话就做不了3000万日元的手术，

因此，与其边哭边因手术金额高昂而放弃，

你是不是更想成为能够一笔付清的人呢？

钱不是万能的，

但能用钱解决的事，

总比没钱解决不了的事要多得多吧？

钱就像你说的也许有'肮脏的支配方式'。

不过也有'干净的支配方式'。

如何支配是自己的选择。

因此你不觉得，

钱还是拥有的话会更好吗？

钱绝对是有比没有更好。

如果你也是这么想的话，

那就一起赚更多的钱吧。"

经我这么一说，觉得"钱很脏"的人就慢慢变了。当我问起他们"为什么想赚钱呢"的时候，他们会变得煞有介事又自豪地回答"因为可以帮助别人"！

也就是说，当人们有了"为了好事而花钱"这种想法的瞬间，会消除对于有钱的"厌恶感"或"罪恶感"，从而积极地对待金钱，变得能够好好说出"我想要钱"！

如果你养成了这种思考方式后，便可将潜意识中对待金钱的负面情感完全消除，成为很会赚钱的人。继而成为有钱人。

那么我再问一遍刚才的问题哦：

"你的账户里有1亿日元的话会幸福吗？"

一开始就想着"哦，是的，我会觉得很幸福很幸福"的人保持这种想法就可以了。

不过一开始稍抱有"这不是钱的问题"想法的人如果觉得"钱可以帮助别人"的话，也许会萌生出和刚开始不同的情感吧？会说得出幸福了吧？钱可以帮助人，因此钱有使人幸福的能力。

6/ 好好地变得喜欢钱

既然已经说到这里，那请容许我提出这个问题吧。

你打从心底喜欢钱吗？

如果你陷入沉思无法将答案脱口而出也没关系。

我想这样的人应该是没那么需要钱，而且就算没钱也会觉得幸福。当然这种想法无关"好"还是"坏"，只是价值观的体现，因人而异。

不过如果你发自真心地真心地真心地"想要钱"的话，你要是不马上回答"我最喜欢钱了"，可是不行的。

否则无法**与钱两情相悦**，钱是不会朝你涌来的。

再来说一下"最喜欢钱"的这种感觉。我觉得喜欢钱的程度也因人而异。无论大家怎么表达**"我喜欢钱，很喜欢钱"**这种想法，但每个人对于钱的喜欢程度仍旧不尽相同。

　　虽然成为有钱人至关重要的第一步是"想要"或是"喜欢"钱，但如果你对于钱的喜爱准则与有钱人出入很大，那么钱还是不会朝你涌来的。

　　比方说为钱所困扰的人想着：

因为生活很窘迫所以我想要钱（我喜欢钱），

因为担心养老问题所以我想要钱（我喜欢钱），

因为我有贷款要还所以我想要钱（我喜欢钱），

　　就算他们拼尽全力地说出"我最喜欢钱了"，在这种情境下的观念和有钱人所谓的"喜欢钱"完全是南辕北辙。他们只是因为"没钱所以才喜欢钱"。

　　金钱流不理想的人只会产生担忧，并不会产生兴奋感。

而金钱流良好的人并无担忧，而是带着兴奋感在主观意识上想要钱。因此虽说两者都"喜欢钱"，但它们却截然不同。

举个有点奇怪的例子吧：比如在决定要结婚的时候，

你感觉你的对象说出哪句话会让人高兴呢？

"两人在一起就足够幸福了"，

还是

"因为我不太会家务（生活），所以我想结婚"。

通常都会选前者对吧？

倘若金钱也有感情的话，它会无条件地选择跟前者结婚。

前者即有钱人的感觉。

因此如果你想要钱的话，得把"为……所

困"这种想法放一放，当务之急是想想有什么能够让自己"为之兴奋"的事情。

不要想着生活费，而是想想温泉旅游！
不要想着养老储蓄，而是想想高尔夫套装！

把顾虑抛诸脑后，多想想自己想要的东西、想去的地方。让兴奋充盈起来。

不要想着眼前的担忧，而是有意识地憧憬一下将来能让你兴奋的事。

有钱的人是不会为生活费而担忧的！

因此你可以尝试向有钱人的这种思维模式靠近一下。

现在正为钱而苦恼不堪的人想必会对我说的这些话表示**"这怎么可能办得到啊"**对吧（笑）？不过，哪怕你只有一瞬间真心想成为有钱人的话，我想请你单凭意识憧憬一下假如眼前的困扰排除后的那种"兴奋感"。

这种兴奋感才是真正的"喜欢钱"的感觉。

你可能会觉得我在骗人，不过我觉得为钱所困扰的人有个共同点，那就是他们忘记了如何抱着兴奋感过自己的人生。

所以仅用3秒就行。

首先试着抱有兴奋感吧。

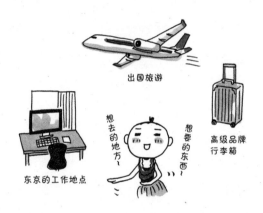

对了，在写这本书找资料的时候我翻出了一封写给曾经下属的信。当时我刚成为主管，为了拼尽全力告诉和我年龄相仿的6位下属关于金钱的问题，于是就写了这封信。

在撰写这封信的时候我大概做了两年销售，销售业绩就已排名世界第二，在25岁的年纪已赚得数千万日元。

再次回味这封信，我终于明白了为什么当时我能赚那么多。可能自那时起我就明白了金钱的本质吧。

我先简单介绍一下吧。

信中可能会有点让人摸不着头脑的表达方式，对此我深表歉意，不过我还是想将自己年轻时写下的东西原封不动地呈现给你们。

将变富的能力最大化

首先，你必须要考虑一下自己对于"金钱"这种能量的看法。

即，你是否认为自己具备了赚得充足金钱的价值？你是否认为自己具备过上富足生活的价值？

假如你现在赚的钱达不到自己的期望值，你得明白那是因为你确实没有想要赚那么多钱。

这就说明你可能会有"钱很肮脏"或者"越有钱人情味就会越来越少吧"这样的观念。

仿佛"金钱"是一切的衡量标准，对吧？

问题的关键在于你要树立一种自信，打心底相信自己既可以清高地生活，又可以将想要的东西都收入囊中。

很多人变富后会对自己的富有产生罪恶感，因为自己越来越富有后更会凸显出身边人的贫穷。

切莫将身边人当作参照物，你的富裕程度不能以他们为标准。

内心深处必须有强烈的欲望才能将富裕或金钱引入现实生活中，必须要有明确的目标来达成这种欲望。

得到想要的东西决不是一种罪恶，希望你能够更加认同自己。

我在这样阐述"金钱"相关话题的时候，也会在意自己是否因为老说钱啊钱的这种话而显得过于贪婪。不过现在我们说的话题可不单纯是关于一张钞票，而是关于"富裕"这件事。

关乎人生质的提升。

只有你允许自己变得富裕，钱才会作为奖励进入你的口袋。

我希望你可以扪心自问，自己是真的想要钱吗？

有许多人想成功却并不如愿，是因为他们不由自主地给自己找了理由。

诸如"我不需要那么多钱""这些钱要怎么花呢""太有钱会变得讨人嫌""我并没有这样的价值"等理由会络绎不绝地浮现出来。

如果你给自己找了以上任意理由，那么金钱这种能量便不会注入到你这里。毕竟你并不是真心想要钱。

以上种种理由都过于老旧，你必须选择其他的想法。

而选择的方式是绝对不能否定现在的自己。

如果否定了自己选择的生活和当下的人生，你就无法逃离现状，也不会去想"要将接下来的人生变得更好"。

要认可当下的自己是完美的，并且在行为

上有一种自己好像还有在别处的别样人生可以选择（从接受到放下）。

只是钱是在循环的，决不能为了自己变得富裕而给他人带来损失……

不过一旦你将钱收入囊中，那么当然可以为了自己而为所欲为。给不给别人都可以。

只要是自身的追求，怎么花都OK。

必须做到面对金钱时以自我为中心。

因为你越能不断满足自我欲望，你就越能培养满足他人愿望的能力。

以自我为中心能够使你变得更不以自我为中心。

单纯地考虑一下什么是自己真正想要的，什么是自己不想要的。

就是这么简单。这就是你是否能够变富裕的方法。

Hiromi Wada

第 3 章　消除对金钱的担忧

1 消除对金钱的担忧是什么意思？

我在第1章的末尾写了那次演讲的事。

就是关于虽然能够用换位积极思考来"寻找很棒"，但在说出"即使没钱也很棒！这样就不会有遗产纷争了""即使没钱你还有天生的进取精神""即使没钱你还有健康的身体"之类的话时，这种"很棒"就只是假象的这个话题。当时我思考片刻后是这样回答的。

和田： "你想要钱吗？"

男子： "是的，要是有钱的话我会很开心。"

和田： "那现在就让'没钱也很棒'这样的想法从你的世界中消失吧。"

男子： "那要怎么做呢？"

和田： "嗯，最好要说出'我有钱'。"

男子： "可我没钱……"

会场一片大笑。

和田： "但是不可以出现'没有'这个

词。绝对不可以。"

男子： "明明'没钱'却要说'有钱'……"

和田： "对，希望你能暂时不要考虑钱。这样能够将'没钱'的想法完全清零，让你产生'有钱'的想法。"

我在回答的同时，不知怎么地感觉对金钱又有了进一步的理解。**现实中"没钱"的时候，就不要让意识往这个事实去靠拢，这是关键**。毕竟若你无法保持**零担忧**的状态钱就不会向你涌去。

但我的意思并不是说拿到银行账单连信封都不拆就藏起来这种此地无银的行为（这样做的话只会让潜意识中"我没法还钱"的想法喧宾夺主）。总之，如果你能将钱忘却，将100%的精力全力以赴在手头之事上，那么你才能变得"有钱"。

不过说实话，能够不顾月末账单"把钱

忘记"，而埋头于其他事务的人还是少之又少吧。在无意间人们会说着"我没钱了"使担忧倍增。

在听到各位说没钱的"没"字时，我就会想"啊……别说出口……"。说了这个字的话会让好不容易形成的金钱流 **"GAME OVER"** 的。所以请你千万别说哦。

不过有人会想**"我现在正在为钱困扰，怎么可能去想自己有钱呢？我办不到！"**吧（笑）。老实说我也这么想。

遵照金钱法则，既然钱好像只会向着没有担忧的人汇聚，那么与其在说着"我办不到"而放弃之前，必须先想想看到底应该怎么办。这样就算你无法真正地在实际生活中成为有钱人，但我有个可以让你和有钱人的想法达到同样效果的方法。现在我来说明一下这个方法。

2／给幸福标价（作业①）

一旦涉及"金钱"的话题，你是否会感到一切都突然变得真实起来了呢？

比如你特别憧憬一场旅行，但一想到路费和住宿费用时，你的想法就会立刻变成"啊，太贵了，去不了……"这种情况时常发生对吧？

由于我们生活在一个超级现实的世界之中，即便嘴上说"自己在精神上很富足"，**但在眼下没有钱的现实面前，"没有"这件事便会占据意识的主导**对吧？

截至目前的概念整理一下便会得到以下图示。

那么我们应该怎么做呢。

我在这种时候找到了一种方法，能将当

解决方案

・金钱会朝着有钱人（对金钱持积极态度的人）汇聚
・金钱会朝着没有担忧的人汇聚

现在我没有钱！但我想成为有钱人

・对金钱持有积极态度随之成为有钱人（实行方法已在第2章中介绍）
・消除对金钱的担忧继而成为有钱人

没钱的话也无法消除对于金钱的担忧

不过……

目前
到此为止

54

前看不见的金钱做一次"可视化"，让自己的想法转变为"我有钱（我是有钱人）"。做法如下：

和田："我有一个小问题，你会在某些瞬间产生自己好幸福、好开心这样的感觉吧？你能跟我说说吗？"

A："比如说什么事情？"

和田："比如说和某个人在一起的时刻、享用了美食的时刻、接触大自然的时刻、和狗狗散步的时刻，只要是诸如此类让人觉得'我好像感觉自己有点幸福'的时刻都行。"

A："好。悠闲泡澡的时候，看到孩子安然舒适的睡脸的时候，丈夫和孩子愉快玩耍的时候，结束工作提早回家的时候，一家人吃着美食的时候，读喜欢的书的时候，等等，这些时刻都会感到幸福。"

和田：“那请你给这些时刻都明码标价吧。”

A：“标价？”

和田：“对。悠闲泡澡大概是多少钱呢？你试试看给它标个价。”

A：“硬要标价的话……3万日元。”

和田：“那看到孩子安然舒适的睡脸值多少钱呢？”

A：“诶……那要2500万日元左右了吧（笑）。”

和田：“那丈夫和孩子愉快地玩耍，这番景象要多少钱呢？”

A：“嗯，1000万日元左右吧。”

和田： "目前为止总计是多少钱？"

A： "我算一下哦，是3503万日元。"

和田： "你迄今为止有过这样给这些事情标价吗？"

A： "从来没有。"

和田： "这样啊。因为幸福是'用来感受'的事情，因此我想你应该从没想过给它标价吧。不过说实话，即使真的花2500万日元也得不到孩子安然舒适的睡脸对吧？"

A： "得不到。"

和田： "换言之，即使有人给你1亿日元你也不会卖给他们吧。我希望你能从中意识到你非常有钱。那如果加上除此之外的幸福瞬间，总额会是多少呢？"

A: "那数额很大啊。过亿了呢！"

和田： "也就是说，你现在是个非常富有的人。如果天上有一个和现实世界完全不同的世界，那里流淌着金钱，那么你现在的过亿资产便在那里，虽然它们无法在现实中变为金钱的样子，但你是一个非常富有的人。你明白了吗？"

A: "明白。"

和田： "这就是作为有钱人的感觉。"

A: "啊，是这样啊，我似乎有点懂了。"

和田： "你能用语言形容一下这是一种什么感觉吗？"

A: "嗯……是一种没有担忧的感觉。"

和田："还能再形容一点吗？"

A："嗯……我感到很满足。"

和田："是的，对对，就是这种感觉，为了能更清晰地用语言表达出来，请试着体验这种感受。当因为没有钱而感到不安时，请回想你现在的感受，那么你就能随时回到此刻满足的状态中。

　　给让你感觉到"幸福"瞬间的场景明码标价。

　　请为平时认为"无价"（priceless）的东西标上"有价"（pricing，标价）。

　　将"精神世界"标上价格后转变为"物质世界"，这样一来我们就能更容易接受"我现在有钱"这种意识。

　　这便是将"不可见"之物"可视化"的方法。

　　请放眼你周围的世界。

　　如果你有所爱之人，看着对方很开心的样子你就会感到很幸福吧。

　　这种时候的"幸福"值多少钱呢？

　　请你注视一下自己的家人、朋友、工作和健康这些你所拥有的一切，然后给它们标上价格。

那么现在你有多少钱呢?

从"无价"到"标价",把"看不见的东西"变为"看得见的东西",这样一来你对于"金钱"的印象就会变得更为真实。

有了这种思考方式,你会产生自己确实有钱的感觉:"我在现实中虽然还没有什么钱到手,但在另一个世界里我的资产已达天文数字咯",担忧也会随之消逝,变得对金钱心存感激(之后我会将这种钱称为"天堂存款")。

3 / 无法消除担忧的人群的共同点

不过令人遗憾的是即使按照上述方法做了作业，还是会有人完全不觉得自己是有钱人而无法消除担忧，即使他们知道自己有那么多的**天堂存款**也无济于事。这个人群的共同点是**总把"我赚不到钱"或"我没钱"这种话当作口头禅**。他们每天都会无意间数次把这些话挂在嘴边（不，是绝对会说这些话。像念咒语一样［笑］）。这就是所谓的**自我洗脑**，是件挺可怕的事。

一直把"我赚不到钱""我没钱"挂嘴边的人，脑子里总是被各种为什么赚不到钱和为什么没钱的理由占据，这些理由就成了他们的思考习惯。

他们的**思考习惯影响了行为模式**，致使无钱入账，最终成为**恶性循环**。

比如做销售时一直被局限在"反正也签

不到合约""反正都不会有钱入账"这样的想法中，那么你的执行力不会提高，也不会有干劲，继而导致你会陷入营业额迟迟无法提升、也没钱入账的恶性循环中。这类人不会有"我能挣到钱""会有钱入账的"等积极的想法，也就不会想出新的创意和点子，因此按照这个逻辑，他们不可能挣到钱。

在日常生活中很多人都有着**"贫穷行为"**。

比如在钱包或银行账户里都有钱的情况下，明明特别想享受美食，但却摆出一副"我只要吃一份300日元的便当就够了"这样小气的腔调，或是稍微努力一下就能买得起贵一点的新季商品却还是选择一直穿十年前买的衣服。

行动必然会导致相应的结果，这类人若抱有以上的思维方式和行动模式，即使找到工作也会朝着"没钱"的方向发展。

令人遗憾的是，由"没钱"的这个思维方式导致的行为会散发出**贫穷气场**。而金钱是绝不会靠近有着贫穷气场的地方。

我绝对不是叫你去买高价商品或者去大肆挥霍。

但如果叫你不要一直说"没钱""没钱"也的确有点强人所难，但哪怕仅仅让表面看起来"有"钱，世界就会变得不同！无论是工作评价、劳动成果还是跳槽都会变得不同。因此觉得自己"有"钱就是要把自己假装成有钱人。

这就好比**先有鸡还是先有蛋**，要想着自己拥有天堂存款，摒弃担忧，假装自己是个有钱人，那么首先要设定一个"有钱的我"。并不是有了钱才要有有钱人的做派，而是**即使没钱也要有有钱人的做派**。这是先决条件。

先有谁呢？

4 / 停止贫穷行为（作业②）

刚才我提到有的人虽然钱包里有钱但想法却是"我只要吃一份300日元的便当就够了"，**即便是选择一份便当，他们也会在无意识中贬低自身价值。**

就拿买午餐便当来说吧。有"1200日元""800日元"和"400日元"三种价位的便当。

当一眼扫去让人感觉"看起来好好吃啊……我好想吃啊……"的便当售价为1200日元时，惯有"**贫穷行为**"的人这时是无法果断付出这1200日元的，而会购买800日元的便当。

当然每月零花钱不多的已婚已育男性每天都有固定的花销额度，他们之中估计会有人觉得再怎么说1200日元一份便当也太奢侈了吧！

不过即使并不会被这"400日元的差价"危及第二天生活的人也多数不会选择1200日元的便当。即使钱包里放着5000日元纸币也会觉得"1200日元太贵了，还是吃800日元的吧""不行不行，还是得节约，吃400日元的就好"。

这种行为也是**"贫穷行为"**。这是自我认定**"目前我只是个适合吃800日元或者400日元便宜便当的人"**。

即自己降低了自身价值。

当然无论是800日元的便当还是400日元的便当可能都挺好吃。

但一边吃着400日元的便当一边想着"啊，刚才的那份便当看起来好好吃啊……有鱼还有菜……"这样的内心你觉得富裕吗？

是不是稍微变得有点消极了呢？

类似的事日积月累，便会造成自身价值的下滑。

如果说节约这400日元或800日元会带来什么的话，那便是会招致**"省小钱却失大物"**这样的现实。

如果无论如何都想吃吃看那份便当，那么在选购的时候绝对要买1200日元的那款。

品尝后你可能会产生诸如"什么啊，不过如此嘛。那800日元的便当也够了"这样的想法。但"想尝尝看"却一直忍着只买800日元的便当，和"尝过之后才觉得吃个便宜的便当就足够了，因此我才选择800日元的便当"的心态是截然不同的。后者的心态显然更佳。

从"买不起所以不买"变为"买得起但不要买"这种能够自由选择的时候，即使只是差了那么几百日元的价格，也能将"贫穷行为"转变为"富裕行为"。

作为"买不起的我"而生存的人会在不经意间将买不起这件事当作"真相"灌输进潜意识。这种想法会变得跟**粘在锅底的焦糊**那样，让人一辈子都无法变得有钱。

我再重申一次，我想表达的并不是"去吃贵的东西吧"。我想表达的是你知道了400日元与1200日元便当之间800日元的差别是什么，便懂得了"金钱"，从而向有钱人靠近了一步。

"啊，味道不一样。分量、小菜的种类都

不一样，还有三文鱼的脂肪量、肉质，以及品尝时情绪的兴奋感也不一样。啊，因为这是品牌货才价格高吧？便当的筷子真高级啊……"如果你知道了以上的这些差别，便能体会到有钱人的感受，进而能够召唤金钱。

我们顺着便当的话题往下说（其实话题内容不是便当也可以［笑］）。比如，你下重金买了份3000日元（再贵点也行）的便当。

边说"哇！3000日元的幕内便当[1]！"边吃的时候通常情绪会高涨起来。

这种"哇……"般的高涨情绪。

在打开便当盒盖时那种兴奋不已的情绪。

在你购入3000日元便当的同时，也一并购入了这种情绪。因此也请再次给这种不可见的情绪标个价吧。

1　日语为"幕の内"，传统上以圆柱形饭团和丰富的配菜构成，历史悠久，因曾经在歌舞伎等演出的间隙幕间食用而得名。——译注

如果你觉得"这种兴奋感大概值1万日元"，那么你会觉得"我不是消费了3000日元，而是花了3000日元买到了这种高涨兴奋的情绪，还知道了这个便当尝起来是什么味道，这样3000日元就变成了1万日元！我还赚了7000日元呢"！这样你还体验到了投资的感觉，将这个行为转变成了非常棒的"富裕行为"。

　　顺带提一下，这赚到的7000日元去了哪里呢？它们还是变成了**天堂存款**。

作业②

　　明明很想吃（明明能吃得起）却觉得"贵"而没吃的东西，或是明明特别想要（也买得起）却觉得"贵"而没有下手买的东西，请把它们收入囊中。

　　挑战之后，将自己尝试后的"感想"具体地写下来。寥寥写几句"我好兴奋"或是"好好吃啊"也不是不行，但最好是将更具体的——例如"什么样的兴奋"给写下来。

　　比如去了一家特别憧憬的餐厅，

- 当天想着"穿什么衣服去好呢"的兴奋感；
- 店门打开的瞬间，"感觉好紧张啊"的兴奋感；
- 看到餐桌上整洁的整套餐具的兴奋感；
- 点菜时想着"这道菜会是什么味道呢"的

兴奋感。

　　（等等）

　　想必你应该有许多瞬间的心理活动吧。

　　客观地去感受它们并写下来。

　　如果变成有钱人了，这些事情就会变得习以为常，这种"兴奋感"也会随之变得淡薄。趁现在将花钱所感受到的微乎其微的"兴奋感"标上价格，最大限度地去感受它吧！

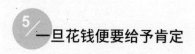

5 一旦花钱便要给予肯定

如果花了钱，绝对要对此行为给予肯定，即"我体验到了比所付出的金钱更多的价值"，这一点是非常重要的。比如即使是遇到"哇，这东西要价3000日元可是那么难吃"的情况，体会难吃的经历便是其价值所在。之前我也提到过，有了这样的经历才会有下次"不要买"的选择，因此这样的经历可谓价值不菲。

花了钱就必须给予肯定。

这是关键。

花了钱就要把一切都变成"自己的成功体验"。

持续这种思考方式的话，可以使你尽可能地体会到花钱所带来的自身经验和成长经验，以及取悦自己的那种真切的感受。你会觉得有着这样体验的自己很了不起，抱着一种"感觉自己好像赚到了"的富裕心态，可以变得和金钱相亲相爱起来。

若习惯了这种方式，就不会对赌博之类导致贫穷的行为感兴趣了。例如学不到东西的事情、无法体验成功的事情、无法给予肯定的事情等，换言之，一切看似无法成为天堂存款的事情都不会让你乱花钱了。

像这样从日常生活中的各种小事和行为抓起，慢慢累积，就能让金钱流好转。

6 / 没钱的人没有自我

稍微奢侈一把去体验一下自己关注的事情，不过这时**不要急于求成**。先从几千日元的体会开始，逐渐将自己的"有钱人经验"积累起来。

体会到作为有钱人是什么感觉，不断积累这种"小小地奢侈了一把的感觉"，如此一来你的行为也会随之改变，变得和有钱人一样。

如果总把"我没钱"挂在嘴边，你就会周而复始地重蹈"没钱人"的行为。

也许会有人说"目前我根本就没闲工夫做这种事"，但实际上无论是谁都会乱花钱（无意识中）。

比如用手机购买付费应用程序、大量买入便宜的杂货等等。多数有这种行为的人反而会在真正需要花钱的时候觉得"太浪费了吧"而不去花这些钱。

这类人中有的人在还款日前还会买新衣服。

他们不把钱花在必要的地方，对于开销相当不上心，总有一天也会丧失他人和社会对他的信任。**为什么这么说呢？因为他们不是"没钱"的人而是"没有自我"的人。**

这群人要是贯彻"我有钱"这种理念而试着像有钱人那样花钱的话，就会**在行为上变成"有钱人"**了。感受各种体验所附带的价值去花钱，**继而也能改变与你所交往的人群，使自己产生整个人都升级换代的感觉。**

这些让你改变对金钱看法的事情，将让你养成"感受到价值而花钱"的习惯。

7/ 培养天堂存款的习惯

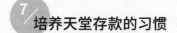

前几日我在自己举办的研讨会上向来宾们提出了这样的问题。

"这个研讨会收费2万日元，

在座的各位都希望既然自己花了2万日元来了，

就必须要赚回本对吧？

花了2万日元，

至少想要赚回5万日元。

用这个技巧，

我还想赚高于5万日元的回报。"

我这么一说感觉大家都带着"是啊是啊"的态度偷笑了起来（笑）。

嗯，我能理解。

由于我的父母是小气的关西人，我本身也是个比较抠的人，对此我也并无异议。

不过这种想法是一种特别现实的定式思维，即**"我付了这些钱，因此只要这点回报就可以了"**的定式思维，这实际上也会导致金钱之河变得狭窄。

因此我才会对研讨会的来宾们说出下面的话（虽然我说的话挺厚脸皮的，但还是希望你们可以忽略这点继续往下读吧［笑］）。

不要把眼前晃动的金钱看作你想象范围内的小钱。

把它想得更加更加地大一点。

要尽量地提升它的价值。

比如说，

你在这里，只是能跟和田裕美说说话，

就有超过1000万日元的价值（这只是打个比方哦，会让人笑话的吧［笑］）。

花钱想学习，

这种结识非常有上进心的人的行为，

也值1000万日元以上！

了解今天将会学到的内容后而继续的人生，
和不了解这个内容而继续的人生相比，
它们之间有3000万日元以上的差别。
你今后的人生会有翻天覆地的变化。
原来今天我得到了超过5000万日元价值的
东西啊！

我太厉害了吧！

而这些我只花了2万日元就得到了！
我太棒了，我好优秀！"

刚才我们说得有点夸张，但我想试着让你们切实感受到自己赚到了的那种感觉。

我把自己2万日元的研讨会说成值5000万日元，怎么看都像是诈骗犯的行为（笑），但诈骗犯说出这番话后可是会真的让你付5000万日元的哦。而我话说在前面，我只会收你2万日元，请放宽心。

前来参加研讨会的来宾们在脑海中将2万日元变成了5000万日元。

对此深信不疑的人又一次往天堂存款里存进了钱。

也就是说用这种能彻底地将"无价"转化为"有价"的方法就是让没有住在金钱之河沿岸的人成为有钱人的捷径。

通过以上"思考方式"或"理解方式"不断加深"我怎么这么赚呢"这种想法后,不但意识会发生改变,还能真实体验到自己的选择"好棒啊",从而增强自我肯定。这些体验都会成为"富裕感"的基础,令你确信自己真的成为了有钱人。

8 / 积攒天堂存款人群的共同点

那些希望看到他人的愉悦而有所行动的人，是很容易就能积攒天堂存款的人。

认真考虑该如何为对方付出的源头也许是出于"希望被对方喜欢""希望被对方爱"。可不要否定这种贪念，这种贪念总有一天会升级为"我只要能看到重要的人雀跃的表情就会觉得幸福"——这种超越"希望被对方喜欢"的感受，从而增加天堂存款。

你的心灵也会通过这种感受而得到成长，它带来的价值相当可观，**能为天堂存款带来大笔大笔的进账。**

假设比你资深的同事让你去拿开会要用到的复印件，你不如这样想想："要不我按人数把文件分好吧。是不是最好再准备一些其他的东西呢？虽然对方没有额外嘱咐，但用夹子或者订书机把文件订好的话对方是不是会更加开心呢？这个会议用稍微可爱一点的夹子应该也没问题吧？这样会不会让同事们在忙碌的日子里得到一点缓解和喜悦呢？"这种人会给身边的人和自己带来快乐，从而积累天堂存款。

什么服务能让患者感到开心呢？

在冗长的候诊时间里给患者提供免费按摩他们会开心吗？

温热的茶水会让他们开心吗？

记住他们的名字，还总是微笑地与他们交谈会让他们开心吗？

如果哪位牙医拥有这样的助手，肯定会和其他牙医大有不同，会颇有人气。这样一来，患者便会在不知不觉中多起来了。

希望见到他人喜悦的样子而去做些什么的人也是努力的人。

是在不断磨炼自己的人。

医生通过大量学习，不断寻求更好的治疗方案。

教师为了更好的授课效果，必须不断地收集信息。

诸如这样的自我磨炼能够提高幸福指数，让天堂存款源源不断地积累起来，逐渐增强自信，使得自我评价也不断提升。

当然不只是工作上可以这么做。

乐于助人且不求回报，还总是和邻居老奶奶打招呼的年轻人远比总是不着家的儿子能得到老人更多关爱，甚至在不少案例中有的老人反而想让他们继承遗产。这样的人也是拥有大量天堂存款的人。

因此真正的"好人"最后都能成为有钱人。

而且"真正的好人"并不只是停留在思想层面上的好人，而是付诸行动的好人。

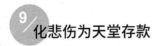

9/ 化悲伤为天堂存款

到目前为止我们都以令人开心的事为例来阐述天堂存款，但如果遇到"由于工作失误而被开除"或是"遭人背叛钱没了"又或是"遭受欺凌"这类很难让人感到快乐的事时该怎么办呢？

虽然这种情况与下一章将会讲到的**"附加价值"**也有关联，不过当人生中显而易见的坏事发生的时候，它们也是能转变为天堂存款的。

当下的"你"是由过去的经验构成的。

对人而言，无论是好事还是坏事，都是构成"经验"之事。如果能够对这些经验都抱有"感谢"心态的话，这些经验就能成为天堂存款。

但一般情况下，人们尤其无法对过往所经

历的辛酸报以感谢，对吧？

因此在这种时候并不用在意识上强行将"辛酸"或"悲伤"等负面的情感当作"从没发生过"，而是将意识向**"这样的痛苦让我有所领悟"或是"令人有所收获"转换，从而改变经验。**

这种转换方式其实和找到汇率特别好的外汇牌价是一个道理。也就是说，能够做到这点，也就能成为坐拥丰厚天堂存款的人。

因此我会对拥有辛酸史的人说**"现在的你如此优秀真是多亏了那段经验"。**

为过去的不幸标价想必绝对是一件高难度的事。因此这并不是非做不可之事。

只不过呢，我的意思是既然这是一份难能可贵的体验，不妨接受它并让它变得更有价值，摔倒了不要白白爬起来。如此一来总有一天这份体验会转变为"一起将世界变成我们理想中的样子吧"的想法，或是变为"让我们来帮助和我们有同样烦恼的人吧"之类的决定

（这也能成为附加价值。关于这个话题我们会在第5章详细展开）。

像这样接受现实后，如果学会将不幸转变为"这段经历很棒啊"的话，你的天堂账户便会财源不断。神明并不会对遭受不幸以泪洗面的人温柔以待，而是会向《天才妙老爹》（天才バカボン[1]）里的笨蛋爸爸那样边笑边说**"这样就挺好"**的人的账户里存钱。

1　『天才バカボン』是日本漫画家赤塚不二夫与フジオ・プロ所著的一部搞笑漫画，主人公为バカボン爸爸（バカボンのパパ），是一位极其乐观的笨蛋，口头禅是"これでいいのだ!（这样就挺好！）"。——译注

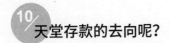

天堂存款当然是能够提现的。

只是关键在于这笔存款在其停留在天堂期间,并不是能用肉眼看到的"钱"。并且由于天堂与现实世界存在差异,**这部分钱最终降落的时机也会存在时差,也无法随心所欲地随时提现。**

天堂存款不以金钱形式降落的几率也是非常高的,它会以**"新的点子"**或是**"美好的相遇"**等各种形式出现在你的面前。如果你在天堂存款降落的时候完全不屑一顾还说出"根本没有在下钱嘛"这种话的话,那天堂存款只会到你身边笑嘻嘻的人那儿去了。

因此新点子出现时,你要感谢它的出现,并默念"这或许是天堂存款呢",将这个点子进行润色,认真把企划书写好后,给其他人过目。这样一来说不定这些行为便能转变为巨额财富。

虽然我说的都是些看不见的东西，没有任何担保和证据来证明它们，不过天堂存款的运作机制确实就是如此。因此我在此恳请你们，如果存款从天而降可千万不要错过。虽然没有证据，但这是**100%的绝对法则**。

天堂存款是特别积极的东西，是能直面未来的力量。

志在未来的天堂存款会咕噜咕噜不断地向人群、向工作项目、向全世界奔流而去。因此我希望你也要去感受这种让人快乐的能量，并将其变为金钱。

要得到天堂存款必须要在本人感觉充实的前提下才行。即感恩一切，时常说"感谢"。其实**这声"感谢"便是天堂存款的密码**。

因此无论多么不幸，也不要用现实世界的

标准与他人作比较。

若感到自己不幸的话，你就至死都用不了天堂存款，因为你根本没有存钱进去。

天堂存款的运作机制

即使自己尚未成为有钱人
但可将自己想象成"我是
有钱人"。

让我们开始
"天堂存款"吧
每人必定拥有一
个账号

给无价的幸福标价
比如——

好爽

下班后的生啤——！！

孩子安心的睡脸

3000万日元

与伴侣相处的时间

2000万日元

和宠物嬉戏
玩耍

2000万日元

天堂存款

啤酒是
990日元的
所以剩下的
是989010日元

10万日元

可
铃
铃

存入天堂存款
把这些事都标上价

感谢您
的存款

可
铃
铃

可
铃
铃

与此同时停止贫穷行为

赌博

没必要的
冲动消费

91

第 4 章 练习花钱

1 花钱自然能懂钱

实际上，成为有钱人后，对金钱的负面情绪会彻底消失，不用看商品标价，无论是不是奢侈品都能够果断买下，只为让自己体会到"啊，这也太棒了"那种令人激动不已的感受。其中也有人会舒服地坐着豪华轿车，或是拥有私人飞机，或是购入价值不菲的画作，等等。

因为这些人对金钱完全持积极态度，所以钱就会从天而降。

我很想对这些人说（装作酷酷地）："你们要有点'利他精神'！"不过我们人类实际上是充满欲望的，而这些欲望便是促使我们努力的缘由。

因此我不想否定"私欲"。

首先要满足自己。

我觉得需要好好经历这一阶段。

我认识的一个有钱人（之前公司的老板，犹太人）在我所供职的销售公司前身面临收购时"啪"地拿出大约1000亿日元买下了那家公司。

此人在全球拥有酒庄和酒店，家族历代都是大富豪。

但他戴的手表是1000日元的便宜货，鞋子和衣服也都便宜得让人惊讶，而且从来不会穿戴贵重物品。似乎对这些没什么兴趣。

说到底我认为如果有足够的经济能力，想买什么随时都能买得起（因此才会没什么兴趣）。我当时觉得是不是了解了高价物品、拥有并体验了它之后，就会逐渐觉得无所谓。当然这其中还存在爱好和价值观的差异。

他的行为给了我启发，即钱到手了之后，最重要的是首先要去体验花钱的感觉。长此以往总有一天我们可以变得像他那样摆脱金钱的束缚。

高价葡萄酒是这个味道啊。

新干线的绿色车厢[1]**原来这么宽敞安静啊。**

住在一晚5万日元以上的酒店原来是这种感觉啊。

原来还能享受这样的服务呢。

通过体验不同的经历练就"我需要这个""我不需要那个"的判断力。

想象一下"3万日元的法式套餐吃起来会是什么样的呢"。与其永远想着"好棒啊……"，不如先去尝尝看"原来是这样的味道啊"。

我希望你能将奢侈也作为经验值，增长见识，不去考虑"我这样的人配吗"之类的话，而是**不断地把钱投资在自己身上**。

在肉眼可见的金钱世界，我们能够学到的是适应这个世界的经验。因此要通过花钱来赚取"原来金钱是这样的东西啊"这样的认知。这一阶段是在现实中体验这种感觉，是非常必要的阶段。

1　日语为グリーン車，相当于一等车厢。——译注

有了钱之后试着多多地奢侈，若能赚足各种经验并使内心成长起来的话，总有一天你也能变得像他那样：

房子不用很大，
车子只要能开就行，
不用每天都吃大鱼大肉。

从内心深处萌生出真正的"知足"。

经历了这一阶段（程度另当别论）后，你就不会"想要更多"，而会觉得"有钱也幸福，没钱也幸福"。

这样的人会极为自然地变得利他，从而获得幸福。

有钱真好！
为自己花钱真好！
奢侈一番真好！

这些全都是经验的一部分。

2 尝试一下捐款

我们在大街上经常会看到募捐的人吧?

通常人们会对此视而不见,并且一边心想"我没钱我没钱"一边念着"我才需要钱好吗"。但如果换作是爱猫爱狗的人士听到"请帮帮这些在灾难中幸存下来的小猫小狗吧,它们现在无依无靠",估计他们会想要捐款吧。

不过此时即使钱包里有3万日元,肯捐出1000日元的人也是非常少的(捐100日元的人倒是有)。因此在这种情况下,**我希望你反而要体验一下在捐款箱里塞进1000日元的感受。**

捐款应该比买便当难度高吧。

毕竟钱花在了无形之物上(嗯,也许你会收到一张贴纸什么的),捐款后你的手头也没交换来任何东西。即便如此,捐1000日元怎么样?

你并不是没有1000日元。

就算没有了这1000日元你也不会死。

但是哪怕只是1000日元你都很害怕"失去它"。

因为你会想着一旦出手的话**"这1000日元就消失了""钱会越花越少"**。

不过呢，这种想法并不正确。

钱是会越花越多的。

虽然现金不会立刻变多，但将自身的经验、体会，以及这些体验的结晶都变为天堂存款的话，那它们早晚都将会变成真正的金钱。

所以钱会越花越多。

将花钱看作是"投资"而非"消费"，当你意识到某个瞬间你从中有了新发现、学到了新知识或是有所成长的话，那**花掉的金钱就必定会"增长"**。

我经常捐款，有趣的是我发现在我丢入百元硬币时和丢入大钞时，对方"非常感谢"的声音好像也有所不同。捐款金额多的时候对方的声音似乎会比较大（笑）。

此时，我会意识到"啊，有钱人也许就是这样收获了很多'感谢'啊"。

尽管我觉得无论是100日元还是1000日元对方都应该表示感谢！但即便是募捐，筹款人的情绪也会因捐款数额大而高涨起来。

金钱可以使人情绪高涨。

通过这多花的900日元，我学到了"原来金钱能操控人心啊"。

在此我又要重申一遍，我绝不是要大家"去大肆挥霍吧"。只是希望你们能够去体验一下。

在这个世界上多多体验，把能学到的东西都收入囊中。

我也想体验。

虽然很贪心，但只要条件允许，至死都要体验下去（笑）。

便当800日元的差价也好，捐款900日元的差额也罢，这些钱对于普通的上班族而言都不至于断送人生，对吧？

花几百日元就能亲身体会这种感觉真是太划算了。

因为像我就会把当时的亲身经历在研讨会上与来宾分享，或是像这样写成书（笑）。

3 / 试想"一定会有办法"的 感觉来花钱

我从未为钱所困扰。

但正如我之前所说，我基本上没有从事过能保证发工资的稳定工作，也从来没有过每个月拿到固定收入的保障（相信个体经营者或是管理者的情况也是如此）。

我在做销售的时候也完全是提成制。如果做不出业绩的话连一分钱的收入都不会有，简直是**"前途黑暗莫测"**的状态。

而且我并非一直顺利，我所供职的公司从日本撤出，我失业了，一时没了收入。而紧跟着更糟糕的是出于信任而借出去的**1亿日元收不回来了**。关于此事的细节我不再赘述，但这件事对我的心脏真是打击不小。

即使处在如此动荡的多事之秋，收入也起伏不定，但我**从来没有金钱流彻底断掉的情况**

出现。

　　这其中不乏存在我磨炼提升自我附加值
的因素（关于这点我会在后文中提及），但我
认为**最重要的是我打心底从未犹豫、一直坚信
"我不会为钱所困"的这个想法**。

　　一直抱持这份信念便会发生不可思议的
事情。

　　例如借给别人的钱会通过其他途径一分不
少地回到自己身边之类的。

　　这类经历我其实有过多次。

　　比如这件发生在我二十几岁、对金钱还完
全没有概念的时候的事。

　　当时我还在完全绩效制的公司做销售，**借
了1000万日元**给一个公司运营不济、资金周转
困难的熟人。

　　我周围充斥着我只有26岁云云的声音，极
力反对我借钱。

说"借出去的钱就是泼出去的水"。

但我想如果不借钱的话怎么知道钱到底会不会回来呢，于是不谙世事的我就"啪"地把赚的钱都借出去了。

不出所料，对方果然**破产了，钱也消失不见了**。

然而第二年我的年收入涨了1000万日元。

由于工作是完全绩效制，我的业绩突飞猛进。

之后，不长记性的我在毫无规划的情况下又花了1000万日元买了熟人公司的股份，不过就在此时最初向我借1000万日元的人居然联系了我（我好震惊！），并且打算连本带息把那1000万日元分期悉数归还，两年后这笔钱最终变成了1200万日元回到了我手中。

1000万日元两年间在我手里进进出出。

那时候我就有了这样的想法。

"啊，原来钱会绕一圈再回来啊。"

因此，无论在什么情况下，即使在没钱的情况下，也请勿对逝去之物怀有负面的执念而念叨"啊，我好后悔啊"或是"我好不容易把钱借给别人了却不还我"。**有意识地只着眼于眼前之事**，抱着"行吧，没事，钱还能再赚"的心态**才是当务之急**。

即使真的发生借出去的钱还不回来这种令人不甘心的情况也不要生气（一开始肯定很辛苦），把它想成"我赚到了难得的经验"。如此一来，钱在那个世界兜兜转转后，等值的金额便会从天而降。

永远不要去管出账的钱，把注意力都集中在进账的钱上。这仿佛像是恋爱一样，**不去追求，对方反而会出乎意料地回心转意**（笑）。

恋爱关系中倘若一方有了新的恋人，旧恋人回头就有点尴尬了。不过倘若回来的是钱，那还能与当下所拥有的钱合并，完全不会产生问题（笑）。

当然如果你在当下连自己都养不活的话，千万别乘兴勒紧裤腰带把那点微薄的积蓄借给他人。当你经济宽裕的时候，再去考虑把不怎么用的闲钱**"消费""借出""投资"**等，让钱变着法地旅游一番吧。

之后就是不要抱有执念，佛系一点想想"钱哪天回来了就行"。**如果对钱感到"担心"或是"不安"的话，会导致其负面运作。**因此，忘却是再适合不过的了。

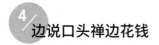

4 / 边说口头禅边花钱

我的御用口头禅就是 **"我绝对不会为金钱所困扰"**。无论是在钱没了的时候，还是收入急剧下滑的时候，我都一直把这句话挂在嘴边。

对于需要面对当下没钱的人而言，这句话确实是怎么都无法说出口的。**但是说这句话又不花钱。**

这句话真是意外地很有效，不要局限于花钱时，在日常生活中也一定要将它作为口头禅试试看，并且尽可能清楚地说出来。

实际上把这句话切实地说出声后，你就会渐渐发现 **"哈哈，原来是这么回事"**。这种感觉只可意会，但多说几次就能让大脑和身体都对它产生理解。

我让研讨会来宾说了这句口头禅，大多数人都觉得 **"好爽啊"**！

如果你想比较一下这两种感觉的话，

先说10次"我没钱"。

敏感的人应该已经体会到了。

说了这句话绝对不会有"好爽"的感觉。

语言真是具有力量的东西。

那么趁还没忘记刚才的感觉不如再继续下一个环节吧?

如果你能做到的话，请把以下的话说10遍。

"我绝对不会为金钱所困扰"

"我绝对不会为金钱所困扰"

"我绝对不会为金钱所困扰"

"我绝对不会为金钱所困扰"

"我绝对不会为金钱所困扰"

"我绝对不会为金钱所困扰"

"我绝对不会为金钱所困扰"

"我绝对不会为金钱所困扰"

"我绝对不会为金钱所困扰"

"我绝对不会为金钱所困扰"

好了，10遍。

但如果一个由于各种原因导致手头紧的人说出"我现在完全不会为钱发愁"的话，他的太太估计会震惊地骂道"啊？你有什么脸说这话"？不过总之，现在先无视太太的反应，继续说出这句话吧。

说出声了吗？

即使说得慢一点，也只需要30秒甚至更少的时间，对吧？

不过，不过不过呢，

真正实践了这30秒的人（说出声的人）和只是默念的人之间的差距在以后会越来越大。

说着说着你就会感觉**"哈哈，原来是这么回事"**，那种只可意会不可言传的感觉便会油然而生。因此，发出声音说出这句话很重要。

可以的话尽量每天花30秒。无论是起床、上厕所，还是洗澡的时候，只要想起它就开口。这个作业超级简单，因此希望你能坚持每天进行。

然后呢，如果能笑嘻嘻地说出这句话就更好了。

　　如果体会到了"哈哈"这种感觉的话，那你就已经和我的感觉联通了呢。

　　一边用余光看着那些说出"我没钱"的人，一边慢慢体验你大脑的变化吧。

第 5 章　给自己增添附加价值

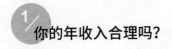

1 你的年收入合理吗？

话说比起物品本身，我们更关心肉眼可见的物品具有怎样的**"价值"**，并按照我们的感觉来判断应该为它支付多少钱。

比如据说一张1万日元纸钞的成本约为28日元，但我们却给这28日元赋予了1万日元的价值。因此我们要用1万日元来等价交换这一价值。

同理，无法轻易买到的**音乐会门票**也是如此。

有些人会在拍卖网站用10万日元买下原价7000日元的门票。那张门票对他们而言应该值这10万日元吧。

以此类推，也就是说，我们如果要成为有钱人，就必须提升自我价值。

自身原本的价值。

自身所拥有的名为"可能性"的价值。

之后将这些价值一并接纳，从而提高自尊心。

我们首先要重新审视一下这个问题。

首先请你思考一下目前的收入情况。

倘若你有一份工作，那么你应该多少会有些收入，但这份收入令你满意吗？你是否会有"目前我的价值并没有得到充分的肯定""我明明能拿更高的工资"这样的想法？

你是怎么想的？

经过自己的判断后，自己本该获得的金额（自己认为合理的金额）大概是多少呢？你为什么会说出这个金额呢？首先我希望你可以思考一下这个问题。

如果真心想成为有钱人，你必须再次好好思考一下，否则是没法成为稳赚大钱的人的。反之，也就是说，如果你能在这里思考清楚的话，那么你就可以知道自己究竟是**需要提升更多的自我价值**呢，还是说自己其实早已具有了一定价值但却**由于低自尊而没有办法完全将自我价值展现出来**。把这些考虑清楚，你就能够明确知道自己应该做些什么了。

假设一个人的年收入为400万日元，他可能会想"我还想赚更多，最好是一年赚1000万日元"。

不过光想是没用的，年收入是不可能增加的。

那么对此人而言，若想要增加这600万日元的收入，就要打从心底认为"自己值得获得这些钱"，这是非常重要的一点。

如果对那些说"我的工资太少了"的人提议"那你跟上司提加薪的事不就好了吗"，他们会在去交涉之前怀揣着各种焦虑不安，比如**"说了也没用"**，或是**"上司会嫌我烦的"**，亦或是**"这样可能会被开除"**，等等。

当被问到"那跳槽呢"，他们通常会说

"迫于生计，我要是不能立刻找到工作可就惨了"，仍然非常焦虑不安。

也就是说他们缺乏自信。

嘴上虽然说着想要钱，却没做好迎接它的准备。

他们贬低了自我价值，从根本上对赚钱这件事感到恐惧，这样一来，什么都改变不了。

若打心底相信自己"有赚到更多钱的价值"的话，是能付诸行动的。现在正在赚大钱的那些人遇到这种情况必定是会好好地**和上司商榷**，或者**早早就跳槽了**，又或是**动身去创业**了。

2/ 相信自己的价值
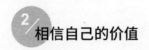

在这种时候有很多人会说**"总之，赚个 1000万日元就算是赚大钱了吧"**，或是**"即使 收入能上调，保守估计也就600万日元吧"**，或 是**"不不不，有350万日元就很好了"**之类的 话，他们虽然嘴上说着"我想赚钱""我想要 钱"，但是他们定的目标却非常低。

当然这其中存在诸如"工薪阶层的收入 是有上限的"这种声音，个中原因也都无可厚 非。但是你若以**"我虽然很想要更多的钱， 但是凭自身的能耐目前只能要这点吧"**作为理 由，自己已经在潜意识里设了一道金额上限。 这样一来，你的钱箱就只有那么小，限制住了 你自身的可能性。

"我只有这点能耐"，听起来特别谦虚， 我也很喜欢这种谦虚的人。

但前提若是"我想要成为有钱人"的话，

那么谦虚这一品质在此处就**毫无意义**了。太过于自谦而认为"我只有这点能耐"，光凭这句话自己的行动力也会相应变弱。

毕竟认为自身价值是月入100万日元还是月入20万日元的行为模式，所发出的信息、交往的人群等方面肯定都大相径庭吧？

因此如果你想要成为有钱人的话，就必须对自身价值更有信心。把想法转变为**"我可真厉害"**的话，钱一定会来的。

姑且把谦虚丢到一边吧，首先要直面自己，认真思考"自己究竟值多少"。

然后，如果你认为"我现在的价值大概为年收入1000万日元"的话，那不妨再想想为什么"不是1500万日元呢"？为什么"不能达到2000万日元呢"？

如果你的想法是"我总觉得差不多是要这些钱"或是"总觉得很想要钱"，那么请你确定一个明确的数字去替代这个"总觉得"

吧。然后再思考为什么不能制定一个更高的目标呢。

这种做法毕竟是自我评价，对自己过贬或是过誉的人一定都大有人在。不过你的首要任务是要好好思考。

即更深层地挖掘一下自己。

如此一来，本身模糊不清的事便会有了轮廓，金钱也会是实实在在地随之而来。

增添附加价值

这事发生在上大冈留刚成为一名插画家的时候

涉及金钱的话题就只想快快结束

好的，一幅画1000日元可以吗？

这时

留即使画涉及严肃话题的插画都能让人感同身受，简洁易懂

这就是留的优势啊

责任编辑

两眼发光……

原来如此！这就是我的附加价值啊！我的插画价格应该更高才对！

从那以后——

好!!

我会用更明快轻盈的笔触来画的

自信

一幅画一万日元

于是留的插画变成了一幅一万日元

将自我价值提高的话，钱也会随之而来呢！

119

3/ 如果觉得自己没有价值的话

　　假设你要跳槽，在面试中提出"我的期望年收入是1000万日元"的话，面试官一定会去判断"这个人是否有能获得1000万日元的价值"，对吧？

　　他们可能会问：
　　"凭什么呢？"
　　"你的理由是什么？"

　　在真实的面试中，你可能会将自己捧得很高来表现吧。不过如果面试官是对你了如指掌的**神明**（笑）会如何呢？在神明面前你肯定不会为了凸显自己而吹嘘一番吧。

　　你能否在神明面前证明自己是个有价值、能拥有这样年收入的人呢？

思考过这个问题后，能够让你发现自己"真正的（实力）"。

被神明提问时，如果你内心是"虽然我很想年收入达到1000万日元，但是凭我目前的实力还是配不上1000万日元"，那就证明你现在确实没有这个实力。这时只要有自信能说出"我有配得上这份收入的价值"就可以了。

如果觉察到了这一点，那就是你的一大进步了！

简单来说，为了提升自信而磨练自己，不就是赋予自己更多**价值（附加价值）**吗？

虽然很多人会试图用心灵鸡汤式的表达方式说出"只要你内心虔诚、心怀期待，运势和金钱流都会变好的"（其实我也很信这个）。但归根结底，金钱是真真切切能被看到的东西，因此，要将现实的钱收入囊中的话，那**现实的理由**必不可少。

那么这所谓的现实的理由，便是刚才我所提到的"磨练自己""赋予自己附加价值"。

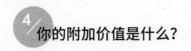

4 / 你的附加价值是什么？

虽然想要更多的钱，但是自身却还未具备赚取这些钱的价值，实力也不足，也还没那么自信。如果你察觉出了以上这些问题，那就试着思考一下"之后我该如何弥补呢""我要如何磨练自己呢"。

用自己的头脑去思考。

因为只有你最清楚自己的不足之处。

从根本上来说，"能赚大钱的人"身上绝对都有附加价值。如果你只是和别人做着同样的事情，是不可能赚到钱的。

反之，如果你拥有别人所没有的东西，它在日后或许就能成为打磨后会发光的附加价值。

以我为例，在进入销售的世界后，我业绩斐然，收入比普通人高出许多。当然，我所处的市场也好，所销售的商品也好，所有的条件都与公司里的其他人相同。

在条件完全相同的情况下，为什么我可以做出如此惊人的业绩呢？

其实正如前面所说，我是个特别畏首畏尾又很怕生的人。

因此，我不是那种能不停卖出东西的强势销售。我特别害怕会被客户讨厌，已多次被人说过不适合做销售了。

因此我好好思考了一下。

诸如"如果我是客户的话，我会倾向于跟哪种人交谈呢""我这样的人会喜欢什么样的人呢"这类问题。

遇到这类问题我最后都会得出"我喜欢聚精会神听我说话的人"这个答案。因此我开始从答案着手，做到打从心底对他人抱有兴趣、真心地去喜欢和我交谈的对象、倾注全身心去倾听对方的诉求。自此以后我逐渐获得了他人的信赖，销售业绩大好。

此外还有一点。

我个性优柔寡断，做什么事都会拖延，在做了销售后很能理解那些犹豫不决的人的心情。

因此我会问自己"为什么无法当机立断呢""要怎么做才能有决断力呢"。这样一来，我发现像我这样的人必须要有一个强大的力量在背后推一把。

当时我正在售卖英语培训机构的课程，对于想报名却下不了决心的客户，我从自己出发，诚心诚意地在对方身后推一把，使他们下定决心报名。如此施行一番后，我的业绩果然上涨了。

"换位积极思考"也是如此。

"把口号挂在嘴边说出声"也是如此。

"多看书，不断将新资讯提供给客户"也是如此。

"将客户们联结起来形成一个团体"也是如此。

这些都是别人所不具备的，是只属于我的附加价值。

我觉得正是由于我不断创造出很多附加价值后，才得到了客户的青睐。总而言之，**附加价值会孵化出大量金钱**。

5/ 寻找附加价值的胚胎
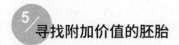

每个人都拥有附加价值的胚胎。
只是还没被孵化出来而已。

比方说，超市收银员看起来是谁都能做的简单工作，只要扫扫条形码，把商品放进篮子就行了。

不过我们偶尔会遇到那种随时笑容满面、甚至熟记客人姓名的收银员，会用诸如**"老先生感谢您的长期惠顾"**或是**"啊，吉野小姐您好啊"**之类的话跟顾客寒暄。

他们的**笑脸**和**用心**便是附加价值，随之很多顾客便抱着"我想要和这个人聊聊"的心态，排到他的收银台前。

可能你会觉得超市收银员可能只是份兼职而已，但这些收银员的状态与那些一脸嫌弃、总是板着一张脸的同行相比，自然会更受欢迎。

不久，也许会有独居老奶奶给他们送来蛋糕，因为"你总是笑脸迎人，让我的身体也好了起来"，或是隔壁的咖啡店给他们免费续杯。

这些其实都和**天堂存款**一样，虽然没有直接到手变现，但通过间接的方式兑现成了金钱。毕竟咖啡和蛋糕都不是免费的。

时薪是否能涨，那得由店长决定（只要店长不是很小气的话，这类人的时薪都会涨的），不过，**就像我之前所讲的那样，人就是会不断地通过附加价值来赚钱的。**

我的血流阻断训练[1]教练比任何人都热衷于钻研关于身体的学问，假期会去动物园研究动物的肌肉运作机制，亲自去探索训练中会用到的元素。

他是个非常与众不同的教练。

1　血流阻断训练法（日语：加圧トレーニング），是一种通过在手腕和脚上绑上专业器具施压，从而调节血流运动的一种训练方法。——译注

他会将在动物园的研究变成理论，我特别享受在训练期间与教练交谈。

为我整体[1]的医生对身体也特别有研究，我由于咳嗽不止而咨询了该医生后，对方给我写信列举了几种引起咳嗽的原因以及应对方法。如果是去看其他医生，医生可能只会说"可能是感冒了，我给你开点药"，而这位医生却能将我的困扰彻底化解。比起"去整体"，我拜访的目的更多地是"想和医生聊聊天"。

接下来我要聊聊我的发型师MIYAMA。他将每一位客人的信息都登记在册，从头盖骨的形状到头发的生长方式，细致入微地记录下客

---

1 在日本，一般的按摩店，多数采用拨筋和指压，而"整体院"则近似于推拿，个别施术部位也用到指压、拨筋。实质上"整体院"与按摩店在业务上基本相同，"整体"是按摩的一部分，更细分、具体化。"整骨"和"整体"都是日文，在日本整骨院和接骨院是有国家执照的柔道整复师能使用。没有执照的只能称为整体院，无法碰触骨头及使用任何的医疗器材。——译注

人的特征，是个非常勤奋的人。虽然是男性，但他拥有一头极长的长发，他说："女性吹头发的时候怎么才能更方便呢，我会用自己的头发来研究一下。"

因此我请他来我的研讨会当讲师。这成为了他的新工作。

我之所以选择他，就是因为他具备了别人所没有的附加价值。

之后他们的店通过研讨会大量来宾的介绍，没做广告宣传但一直生意兴隆。因此放置不管也能赚钱。

我以前公寓的物业有一个管理员，熟知怎样在阳台上种苦瓜之类的蔬菜，我总是会去问他一些种植蔬菜的方法。

虽然做物业管理的人大有人在，但像这样能够活用自己特长的人（对方好像是叫TANAKA吧），确实很受欢迎，深受居民信赖。渐渐地居民们都变得非常遵守垃圾管理制度，给管理员省去很多费心事。我也会经常给他送一些旅游土特产。

当TANAKA说自己的劳动合同"3月份就要到期了"后，居民们自发向物业公司请求"请不要辞掉TANAKA"。于是TANAKA继续留在我们楼里做管理员了。TANAKA年龄已经很大了，一般来说是不可能再找到工作了，但经过这番请求，他便能一直在这栋楼里工作下去了。这也是相当可贵的附加价值呢。

上述这些人都有着共通点。

他们的附加价值应该是在有意识的、或者更有可能是在无意识的情况下**总想着"我要帮到别人"中所催生出来的**。这种附加价值并不是基于"我想赚钱""我想赚钱"的想法而产生的。

6 发现只属于自己的附加价值 （作业③）

我再重复一遍。

附加价值要靠自己来发掘。

必须转动脑瓜认真考虑。

想要发现自身的附加价值，首先要考虑一下自己所拥有的特质"是否能够帮到别人"，即使是你的负面经历也能够帮助到别人，我在第3章中提到过这点。比如经历了离婚或被裁员，也有可能会为某个人提供独特的信息。这类经验肯定会成为能够帮到别人的附加价值，继而成为天堂存款，并且总有一天会变成金钱回到你的身边。

话说回来，为什么我们至今都没培养出这么重要的附加价值呢?

我认为那是因为我们对自身的评价和自身

价值的评估都过低。

如果你觉得"**我这种人没什么了不起的**"的话，那就不可能会去想自己是否能帮到别人。

不过，附加价值是每个人都拥有的东西。

只是大家都偷着懒，把附加价值的胚胎丢在一边不去孵化它。

现在，请有工作又想赚大钱的人立刻思考一下如何在你的工作中注入附加价值。读了本书并对自己进行分析之后，你一定能为自己的工作增添附加价值。看了书而不实践的人、不想为他人提供帮助的人，他们身上是不会生成附加价值的。

思考如何提高自身价值、如何使其帮助到别人，这样一来，你的人生也会变得一帆风顺起来。随之而来的便是**朝你涌来的金钱之河**。

请把"这可能会帮到别人"的事项写下来。

不管是爱好还是其他都可以。把你能想到"这可能会帮到别人"的爱好、特长以及经验通通写下来。

惨痛的经历也OK。诸如离婚、生病等经验也有可能会帮助到有需要的人。只要是能让人从中有所收获的经验都可以。即使你犹豫"这是不是附加价值呢"（←这肯定是胚胎）也没关系，把这些都写下来吧。

然后考虑一下如果这个附加价值孵化成形后，值多少钱呢？

没错。这里又要进行标价了。

我们按照前几章的方法来给"无价"的东西"标价"。

如果想要赚钱的话，首先要养成凡事都换算成钱的习惯。

必须要提升对金钱的觉悟。

那么附加价值是多少钱呢？

这个附加价值的价格便是你的潜力。

即使现在很低也没关系。

假设现在的价值是5万日元的话，要怎么做才能让它变成10万日元呢？

请试想一下。

这样一来，你会思考诸如"我再读点书多学习学习吧""下次不如换个妆容试试看""衣服这样穿如何"之类的问题。要把这些想法投映到现实中并真正地实践它们，从而提升自己的附加价值。

这样做的话附加价值绝对会改变的。

然后你的附加价值就会孕育出金钱之河。

7 / 如果附加价值变为临时收入

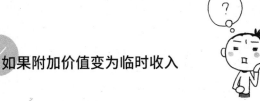

刚才我提到的超市的兼职收银员得到了别人送的蛋糕，对吧？可别想着"啊啊，我正在减肥诶，居然提这个"。如果把蛋糕换算成钱的话，**那么她凭借"笑容"这一附加价值得到了两块价值300日元的蛋糕。**

此时当诸如"我得到600日元啦""我太感动了""我受到了眷顾"这种充实的情感涌上心头的同时，请一定要对它心存感谢。

因为这也是"金钱"。

这是重点所在。

我先生帮我揉肩的时候我就在想"啊，要是去按摩店的话要花3000日元，真是赚到了。虽然这不是肉眼可见的金钱，但我心中倍感充实。天降天堂存款了呢，真是太令人感激了"！

许多期盼金钱流变好的人都执着于即刻直接提高时薪或是立刻有钱进账，从而忽略了培养附加价值，对各种事完全不抱感恩之心，一直念叨"根本没钱进来嘛"（笑）。

不过，比如说今天我承蒙大家的关照，作为感谢，请你们吃人均1万日元的套餐。那么用餐后可不要光觉得"哇塞，我运气太好了"，而要把这1万日元当作自己的附加价值所产生的**临时收入**。毕竟假如自己掏腰包的话，这顿饭可是要花1万日元的呢。

在这种时候（虽然没有变现），也要默念"钱真的来了！"以表示感谢。

既然有了"1万日元的临时收入"，那么下次要用真实的钱来表达自己的感谢。

如果别人请客的价格是1万日元的话，你可以回赠1万日元的和式点心，也可以依据喜好（这也是附加价值）选一本**自己推荐的书**作为礼物。

总之如果你得到了无法变现的临时收入，必须给予其价格三分之一、最少也不得低于十分之一的回礼以示感谢。

让钱动起来。

这点至关重要。不过很少有人会这么做。

很可惜啊。

因为"吃了顿免费午餐"而仅仅窃喜一番是不会滋生出任何附加价值的。

毕竟这顿饭根本不是免费的!

如果手头紧得连一分钱都拿不出来,没法让钱动起来的话,至少先写封感谢信给对方吧。总之不能理所当然地接受别人的赠予。

得到好处的同时要意识到这是"收入来了",向对方表达谢意。**长此以往你的人际关系也会有所变化。**

你会变得被人喜爱。

学会表达谢意也是一种**附加价值**。

听好了哦。

如果你按照自己原有的生活方式一直没赚到什么钱的话,你觉得在不改变现状的情况下自己可能突然挣到一大笔钱了吗？如果你想成为有钱人的话，就必须为了创造全新的金钱流而创造一个"根源"。因此你需要打磨自己的附加价值。不计较得失地思考"如何帮助别人"。如果附加价值变成钱后，必须要表达谢意。而且这些行为必须

想到了就一定要在三天内付诸行动。
并且要坚持一年。

你一定会看到变化的。

8/ 金钱流不畅的人的共同点

我在前文提到了临时收入，而金钱流不畅的人不但对临时收入毫不在意，而且还对其怨声连连。这便是这类人群的共同点。

这类人遇到上司难得请客也不会觉得"啊，这是临时收入"，反而会说"诶，那种聚餐居然一个套餐要1万日元？早知道**不如把这1万日元变现发给我**。跟那种人一起吃饭真是又烦人又浪费时间"。毫无感谢之情，而且还觉得自己吃了亏。

这种人是绝对不可能有钱的。
毕竟他们不会说"谢谢"对吧？

或许这个上司真的很讨厌，但对方出钱请客是个事实。金钱无罪。因此高兴地感谢对方才是明智之选。

如果对于临时收入不敏感的话，钱就不

会来。

将别人难得的好意拒之门外的话，总有一天你也可能会被这位上司讨厌，从而被卷入更为负面的漩涡中去。

因此，无论何时，绝对不要觉得自己吃亏了。

要这样想：我赚了，好走运！

毕竟事实也是如此嘛。

你绝对绝对是净赚的。

要尽快意识到这一点哦。

9/ 有钱人全都有附加价值

其实我很想说"你本来就有价值，没必要去增添附加价值"。

但是我想要真心地面对那些真的想要成为有钱人、真的想要让金钱流顺畅的人，因此在这本书中我绝对不会说出那种顺耳的话。

这绝对是个事实，请你好好观察一下周围。

比如仅在意念中（"想着好事，就会发生好事，就会变成有钱人"）说出"我的金钱流变顺畅了"的人，他们绝对，可以说100%拥有现实中的附加价值。

这种人除了思考习惯之外，在现实中也拥有相当厉害的附加价值。比如说：

曾经努力过

会某种运动

曾经学过某种技能

有过赚钱的经验

父母是公司老板或是名人

过去做出过成绩

能言善辩

除了主业有特别擅长的事（爱好也算）

平易近人

擅长写作

精通IT

有过惊人的负面经历（破产、入狱、患病等等）

擅长绘画

长得帅/美

唱歌好听

在其他领域已享有知名度

（等等）

然后，请你思考一下，为何有钱人，或者说金钱流顺畅的人，总是能够面对新挑战，放手一搏向前迈进呢？

因为即使他们失去了地位、名誉和财产，变得一无所有，但附加价值却不会随之消失。

而这附加价值才是"我很棒"的自信来源，会成为精神富足的基础，**将金钱带到你身边**。

我再重复一遍，**这个世界上附加价值高的人能赚大钱**。

这是绝对的事实。

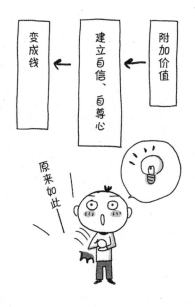

10 "支付工资的人"和"拿工资的人"的区别

世界上有**"支付工资的人"**和**"拿工资的人"**。

类似于"经营者"和"公司职员"。

虽说，拥有过人"附加价值"的人作为拿工资的一方能得到较高的收入。

但是往往支付工资的人通常都要比拿工资的人赚得多。

你可能会觉得"作为老板，收入高不是很正常吗"，那么请问为什么在这个世界上同样是人，却有着如同天壤之别的**两极立场**呢，金钱流的差异又是如何出现的呢？

拿稳定时薪或月薪的一方，只要公司不倒闭的话，每个月基本都有钱入账，总之能够**稳定**过活。

而另一边则是通过"创业"而成为"支付

工资"的人，则承担着"明天可能吃不上饭"的风险。这类人放弃了稳定，或者说他们从不求稳定，选择了相当**不稳定**的生活。

当然创业失败者比比皆是，但那些选择自己赚钱的人确实是具有附加价值的人。

无论是创业的点子，还是继承家业，亦或是放弃稳定的勇气，**都蕴含着附加价值，才得以让他们比"拿工资"的人更富有**。

顺带说一下，"支付工资"的人放弃稳定的这一行为，和我在序言中所提及的古宇利岛传说中"对年糕会从天而降坚信不疑"其实是一样的。一个是相信自己从而放弃安稳，一个是相信自己从而坚信年糕会从天而降。

以前光活着就已经具备了价值。

在那个时代人们不互相攀比，每个人都有着极高的自尊心。因此他们不会由于担忧而去赚取什么，能够洒脱地过着开心的日子。这就是天上会下年糕的缘故。

然而，如今，我们每天都会被拿来跟别人

比较，一边和焦虑战斗一边过活。

在这种现状下，我们要相信天上会下年糕从而消除担忧，那就必须增加附加价值，让附加价值给我们带来"自信"和"自尊心"。

支付工资的一方都拥有附加价值，并能将其转变为"自信"和"自尊心"。因此他们才成了有钱人。

这便是在现实世界中让天上下钱（成为有钱人）的条件。

11 体验一下"支付工资的一方"

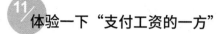

前文提到了"支付工资的一方"和"拿工资的一方",但我不可能说出"要想成为有钱人,就创造附加价值,马上开始创业吧"这种话。不过,我想请各位先来体验一下"支付工资的一方"。

即使你在现实中没钱也没关系。

因为我们是**用天堂存款来支付这次练习**的。

顺便说一下,支付工资的一方除了向拿工资的一方支付金钱外,还要向他们表达感恩之情。让我们在这里体验一下吧。

假如你拿到工资后,千万不要抱有"我干了活这是我理所应得的"或是"切,就发这么点"这种负面的反应,而是要发自内心地表示**"这份工资我收下了,非常感谢"**。用心去感受一下。练习使用天堂存款向对方表达感谢之情。

这就是**"支付"（给予）**的感觉。

无论是真诚的"心意"也好，还是心怀对方的"行动"也罢，只要照着"以微笑回报"的感觉来进行支付就对了。

不过其实有很多人是无法做到的。

好多人净说些工资"不够，根本不够"的话，完全不会去考虑支付这件事，这样根本就没法攒下天堂存款。

另外，还有这样一种支付方式。

假设你的工资是30万日元。

首先，你要做的并不是仅仅把这30万日元份的工作完成，而是要做到让任何人都感觉"那个人工作那么出色，应该给他/她100万日元"。

比如早早去公司打扫，总之你能想得到的事都要先人一步去做。

这样一来，在你还没变成拿钱一方的时候，就率先变成了支付的一方。

或者你可以自费参加讲座学习，抢先一步

用自己的能力为公司做贡献，等等。总之，先练习付出与给予。

这样，你支付的那部分钱又会累积到你的天堂存款中，赚得比原来还要多。

这样一来，它们还会变成新的附加价值。

这一附加价值为你建立起了自信或自尊心，最后赋予你能够不顾一切放手一搏的勇气。你能够摆脱被工作束缚的状态，得到加薪、跳槽或是创业的机会，在现实世界中离有钱人又近了一步。

12/ 再提高一下自尊心是指?

我已经告诉你了，若要成为有钱人，以附加价值为基础的自信或自尊心是极其必要的。

说到自尊心，是有办法在日常生活中增强的。

我不是说要你买昂贵的物品，我指的方法是你手边的物品**可以用高级一点的**，比如名片盒或是钱包之类的。

我在做销售的时候，总是有人跟我讲"你买支好点的钢笔吧"。

刚开始我觉得"笔不都一样吗？能写就行了，用100日元的就可以啊"，但我还是买了支3万日元的钢笔。用了那支笔之后我的身板好像挺得更直了，明显感觉自己的兴致比用100日元的钢笔时高了不少。

我感觉握着那支钢笔，自己的价值都提升了不少。

我把笔递给客户的时候心情特别好。

每当我手中握着那支笔时，我就会不禁想到"我买了多么有价值的东西啊"。然后我就会真切地感受到"原来这就是所谓的富足感吧"。

只要钢笔一直在，这份富足感就会一直伴随着我。

只花了3万日元就有了这样的收获，你不觉得很奇妙吗？

在感受到这种富足感的同时，你的贫穷意识会随之消失，自尊心会由于**"我是个配得上使用这种高端东西的人"**而强大起来，进而产生自信，变得越来越不惧怕放手一搏。这是一个良性循环。**什么都可以，请把你每天接触到的物品、常用的东西，试着升级成更高级的，**会有意想不到的效果哦。

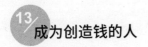 **成为创造钱的人**

天堂里"有"钱。

如果你养成这样的思维方式,那么在现实中也会有钱孕育出来的。

换一种说法就是,钱是能够"创造出来"的东西。

如果你觉得自己在天堂里"有"钱,那么你就"能创造"出钱;若"没"钱,则"不能创造"出钱。

迄今为止,你有没有过"因为没钱所以还办不到""我没法自由地选择想做的事"这样的想法呢?

你有这些想法的时候肯定是从一开始就觉得这事100%成不了,而从未考虑过"怎么做才能成功"。

我在自己的书中多次写到过,我在做销售

时，有一位客户是个靠打工赚生活费、靠奖学金上大学的穷学生（女性）。

她十分贫困。但是，她在我这里买了两年50万日元学费的英语会话课程。这绝对不是她能负担得起的价格。

我就在想她为什么要买这个课程呢？

若是有钱人出身的话，英语技能傍身绝对不在话下。

这样她就能把打工的时间用来学更多的知识。

然而穷人的孩子亦是穷人。这句话对于资本主义而言也许没什么问题，但我不喜欢这句话。

如果大家一直觉得自己"因为没钱所以办不到"的话，那么在这个什么都得花钱的世界，当然有钱人才能积累更多的经验。

因此若穷人想要从负面漩涡中挣脱出来，就必须从现在起拿出不输任何人的干劲，比别人努力3倍，为自己增加比任何人都多的附加价值。这就是我的想法。

因此我认为她当时并没有"我没钱所以我办不到"的想法，而是在考虑"有什么能够为我所用的办法吗"？

她当时打两份工。一份在居酒屋，时薪是890日元。另一份是家庭教师，时薪是2000日元。那么既然家庭教师的时薪比较高，是否能多接一点呢？

居酒屋半夜的时薪是1000日元，那么是否可以排班到半夜呢？

不报名我推荐的英语会话课程，找个外国人多一点的地方练习英语如何？

只买教材，然后找一个外国客人比较多的餐厅打工如何？

她想了很多方法，最后决定去我推荐的英语会话学校上课了。然后凭借自己的加倍努力，她在短时间内就掌握了英语，然后去了一家大型外企就职，初期工资就非常可观，渐渐地过上了富足的生活。

现在想来，她其实不用一定去英语会话学校的。因为那个时候最至关重要的是**那股"想方设法做点什么吧"的干劲**，而我推荐的英语会话课程碰巧成了成就她的契机。

另外，她的志向远大，想必是个有着很多天堂存款的人。

想创业却没有行动，只会嚷着"可我没钱啊"的人并不是真心想创业。

若创业所需资金是1000万日元，你应该有很多节省开支的办法，比如卖掉闲置物品、取消订阅无用的收费应用软件、在外喝一杯改为在家喝一杯、把不开的车卖了节省停车费，等等。为了梦想暂时委屈一下自己根本不算什么。

说不定你还会抛弃尊严向家人、亲戚或朋友双膝跪地央求借钱吧？

如果你认为"因为没钱所以办不到"，那

么"金钱"岂不是变成恶人了吗？因此，无论如何我都**建议你能试着在人生中体验一次"让我来试试看创造钱吧"**。我希望你为了实现这个目标而储存天堂存款，并从中收获自信和自尊心。

总有一天你会发现"通过创造钱的经验，我的人生受益匪浅、硕果累累"。拥有附加价值，收获**自信**和**自尊心**的人绝对能够成功。

这种新挑战又将进一步成为你的附加价值，而你的经验肯定会帮到别人，给你带来更多的财运。

最後に。

ここに、今の私が 知っている、
お金についての すべてを 書きました。
わたしが できるのは ここまで です。
あとは あなたが 信じて、とにかく
自分で やってみる だけです。
そうじゃないと 何も 始まらないし
何も 変わらないから。
だから、あとは お任せしますね。
どうか、どうか、お金に困らない 人生を、
自分で 手にして ください。
ご縁、ありがとうございます。

和田 裕美

写在最后。

　　我在本书中将自身所了解的关于金钱的一切都倾囊相授。我只能帮你到这里了。

　　你要做的便是相信它，并且亲自付诸实践。若不行动的话什么都不会改变的哦。

　　所以之后的一切都交给你了哦。

　　无论如何，无论如何，我希望你能靠自己的双手度过不会为金钱所困扰的人生。

　　很荣幸与你结识。感激不尽。

　　　　　　　　　　　　　　　　和田裕美

图书在版编目（CIP）数据

　　如何成为幸福的有钱人／（日）和田裕美著；（日）
上大冈留插画；英尔岛译. —上海：上海三联书店，
2024.1重印
　　ISBN 978-7-5426-7383-1

　　Ⅰ.①如…　Ⅱ.①和…②上…③英…　Ⅲ.①社会财
富–通俗读物　Ⅳ.①F014.41-49

　　中国版本图书馆CIP数据核字（2021）第057404号

如何成为幸福的有钱人

著　　者／〔日〕和田裕美
插　　画／〔日〕上大冈留
策　　划／李晓理
译　　者／英尔岛
校　　译／李　波
责任编辑／杜　鹃
装帧设计／ONE→ONE Studio
监　　制／姚　军
责任校对／王凌霄

出版发行／上海三联书店
　　　　　（200030）中国上海市漕溪北路331号A座6楼
邮　　箱／sdxsanlian@sina.com
邮购电话／021–22895540
印　　刷／上海颛辉印刷厂有限公司

版　　次／2022年1月第1版
印　　次／2024年1月第2次印刷
开　　本／787mm×1092mm　1/32
字　　数／70千字
印　　张／5.625
书　　号／ISBN 978-7-5426-7383-1/F·839
定　　价／59.00元

敬启读者，如本书有印装质量问题，请与印刷厂联系021–56152633